FRAPPE LE CIEL, ÉCOUTE LE BRUIT

Frappe le ciel, écoute le bruit
se prolonge sur le site www.arenes.fr

Éditions des Arènes
27, rue Jacob, 75006 Paris
Tél. : 01 42 17 47 80
arenes@arenes.fr

Fabrice Midal

FRAPPE LE CIEL, ÉCOUTE LE BRUIT

Ce que vingt-cinq ans de méditation m'ont appris

LES ARÈNES

INTRODUCTION
Ouvrir les yeux

Quand j'étais enfant, mes grands-parents, qui étaient des juifs venus de Pologne, réunissaient toute la famille pour les fêtes de Pâques. Nous lisions à voix haute un texte évoquant la sortie d'Égypte de nos ancêtres, esclaves du pharaon. C'était l'occasion de nous inscrire dans une histoire et de nous interroger sur la manière de sortir de notre propre esclavage, de nos propres enfermements, pour mieux entrer dans le printemps de la vie.

J'aimais beaucoup le moment où c'était à nous, les enfants, d'intervenir et de lire un passage du texte. Nous devions ensuite poser des questions. Pourquoi célèbre-t-on cette fête ? Pourquoi y mange-t-on des herbes amères ?

Comme il est merveilleux de poser des questions ! En vieillissant, on finit par se faire prendre par tout ce qu'on sait, par tout ce qu'on croit savoir et qu'on entend dire. La méditation a beaucoup à voir avec ce retour à l'expérience de ne pas savoir, d'être questionnant et appelé ainsi au renouveau.

Même si je connaissais les réponses – nous mangions des herbes amères pour nous souvenir de la douleur de l'esclavage –, j'étais content de les entendre de nouveau et surtout de me voir ainsi offerts l'espace et le temps pour pouvoir demander.

Frappe le ciel, écoute le bruit est ce qu'au Japon, dans la tradition zen, on nomme un *koan*. C'est une phrase qui ne vient pas dire quelque chose au sujet de quelque chose, comme : « La neige est blanche » ou : « Je suis fatigué. » Elle est une interrogation infinie. Une interrogation qui n'appelle aucune réponse définitive et qui met en mouvement. Elle laisse ouverte notre attention, notre curiosité. Elle a un sens qu'il faut chaque fois éprouver à neuf. C'est une phrase qui *fait* faire quelque chose à celui qui la lit.

Elle est comme certains vers poétiques. Si je dis : « Je vois longtemps la mélancolique lessive d'or du couchant », l'appréciation que je peux en retirer ne s'épuise pas avec la compréhension que je peux en avoir. Au contraire, ce vers d'Arthur Rimbaud garde un mystère que chaque récitation me permet d'approfondir : le mystère d'être un être humain, de pouvoir s'asseoir sur la terre, d'aimer, de pleurer ou de sourire.

Ce que je vais vous raconter dans ce livre, c'est une manière d'habiter ce questionnement infini que m'a offert la pratique de la méditation.

La méditation, je l'enseigne depuis une quinzaine d'années et j'ai fondé, en 2006, l'École occidentale de méditation pour la transmettre de manière rigoureuse et laïque. Pendant toutes ces années et dans les livres que j'ai écrits, je n'ai jamais tenu à évoquer mon chemin. Il n'a rien d'extraordinaire ou de remarquable.

Méditer, ce n'est du reste pas chercher à atteindre quelque chose. C'est redevenir comme l'enfant que j'étais, qui pose une question quant au fait d'exister.

Il existe un vieux conte dans lequel un homme riche qui a trois fils tombe malade. Il fait venir des médecins de toutes sortes qui ne connaissent rien à son mal et ne peuvent lui procurer aucun soulagement. À la fin, un médecin étranger lui dit que seul un oiseau vivant au sommet d'une montagne pourra lui rendre la santé. Il envoie son fils aîné à la recherche de l'oiseau, en lui promettant de grands biens s'il parvenait à le lui apporter et lui donne de l'argent pour voyager à sa guise. Le jeune homme se met en route, mais à la première auberge il s'arrête. Il décide d'y rester pour boire, manger et faire la fête. Inutile d'aller plus loin se dit-il, le bonhomme est vieux, et s'il meurt j'aurai son héritage. Au bout de quelque temps, le vieux seigneur envoie le cadet qui prend la même route que son frère et s'arrête lui aussi à l'auberge. Puis le dernier des enfants part. Mais à l'appel de ses deux frères à le rejoindre pour se divertir ensemble, il refuse, décidé à poursuivre sa route. Après bien des mésaventures, il réussit à revenir avec l'oiseau et la plus belle des jeunes filles.

Les frères, juste avant qu'ils ne parviennent au but, fous de jalousie, le poussent dans un puits. Ils rentrent chez leur père qui les accueille en héros. Mais l'oiseau ne chante plus et la princesse ne dit pas un mot. Le jeune homme, qui n'est pas mort dans sa chute, se rend déguisé dans la maison de son père. Aussitôt l'oiseau chante et la jeune fille parle enfin. La vérité est rétablie.

L'oiseau est l'intermédiaire entre l'ici-bas tangible et l'au-delà incertain. Dans de nombreux contes, il vient aux hommes les inciter à sortir de leurs habitudes et à oser entrer plus avant dans l'inconnu. Il est ainsi celui qui vient nous guérir de notre oubli. Il vient rétablir le vieux père de sa maladie et rappeler par son chant la vérité du cœur pur.

Un *koan* est parfois donné à un méditant pour l'aider à ne rien saisir, à abandonner le souci de tout contrôler et de tout maîtriser. Pour ouvrir le ciel de son esprit. La seule réponse est celle qui, partant de l'ici le plus concret, donne à entendre de façon immédiate ce qu'est le fait d'être humain. À force de savoir beaucoup de choses, on oublie parfois l'essentiel.

Dans ce livre, j'ai voulu dire comment la méditation m'interrogeait, comment elle appelle à partir à la recherche d'un oiseau – l'air libre personnifié qui vient nous rappeler que l'important est tout près, à portée de main. Qu'il suffit de se poser et d'ouvrir les yeux pour le trouver.

1

La première fois : soulagement et crispation

Par méditation, nous entendons quelque chose de fondamental et de très simple, qui n'est pas relié à une culture quelconque. Nous parlons d'un acte vraiment fondamental : s'asseoir par terre, prendre une posture correcte et cultiver le sentiment d'avoir son propre espace, sa place sur cette terre.

Chögyam Trungpa

La première fois que j'ai entendu parler de méditation, j'avais quatorze ans. À cette époque, j'écrivais des poèmes. J'en avais adressé quelques-uns au responsable d'une bibliothèque, espérant qu'il me proposerait d'en faire une lecture publique. Il m'avait gentiment répondu : « Ce n'est peut-être pas une si bonne idée. Vos poèmes ne sont pas encore aboutis. En revanche, ils m'ont touché et j'aimerais vous rencontrer. »

Nous avons fait connaissance. Voyant combien j'étais malheureux et ne voulais pas le rester, il m'a parlé de méditation. Je fus très intrigué. Il m'expliqua qu'il méditait régulièrement, mais sa manière de raconter son expérience restait très mystérieuse.

Pendant les sept années qui ont suivi, je suis resté en lien avec lui. Nous nous écrivions parfois. J'ai lu des livres liés au sujet de la méditation, comme *Siddhartha* d'Hermann Hesse. J'en étais chaque fois bouleversé, mais je me disais que tout cela n'était pas pour moi.

LES DEUX PEURS

La méditation me faisait peur. Quand je regarde rétrospectivement, deux idées principales m'inquiétaient qui, je crois, représentent encore aujourd'hui deux obstacles profonds pour la plupart des gens.

Au premier chef, je me demandais où j'allais mettre les pieds. J'étais inquiet à l'idée de pénétrer dans une secte et de tomber sur un gourou… À présent que j'enseigne la méditation, je constate que, parfois, les gens ont également peur que je sois une sorte de « gourou » et qu'ils me tiennent pour cette raison des propos étranges. C'est absurde et irrationnel, car je suis un homme tout à fait ordinaire, avec ses difficultés, ses angoisses et ses passions. Je tente simplement d'apprendre à y faire face. Je ne prétends ni n'aspire à être un modèle et encore moins à avoir un pouvoir sur les autres.

Plus fondamentalement, le sens même de la méditation me faisait peur. Car sur quoi repose l'invitation à s'engager à méditer ? Sur la possibilité de faire la paix, d'ouvrir son cœur, de faire en sorte que puisse cesser l'enfermement dans ce que Kafka nomme, dans une célèbre nouvelle, « le terrier », où, en nous protégeant de tout, nous vivons dans l'angoisse et l'isolement. Or accepter qu'un tel chemin de libération existe est inquiétant.

Adolescent, je me disais : s'il existait une telle voie pour entrer réellement en amitié avec soi, cela se saurait et tout le monde pratiquerait la méditation. Comme peu de gens s'y engagent, cette histoire doit être un écran de fumée.

La méditation est certes mieux intégrée de nos jours qu'il y a vingt-cinq ans, mais la méfiance qu'elle suscite reste réelle. Elle touche en effet de manière très profonde un point aveugle.

L'idée que l'on puisse travailler avec son propre esprit, l'idée que l'on puisse changer, progresser, apparaît pour notre époque comme une provocation. Il suffit d'allumer la radio ou la télévision pour comprendre que notre monde ne nous invite nullement à entrer dans un tel chemin. On y parle généralement de la manière de gérer l'économie, on se moque des faits et gestes des personnalités publiques, on rapporte des informations sur ce qui a lieu à l'autre bout de la terre…

La pratique de la méditation repose sur une autre perspective : le souci de notre propre existence.

SAUTER LE PAS

À vingt et un ans, j'ai sauté le pas. J'avais bien jusque-là rencontré des rabbins et des prêtres. Mais leurs discours ne faisaient pas sens pour moi.

J'étais tombé amoureux à de nombreuses reprises et avais cherché par là une réponse que je n'ai pas trouvée.

Surtout, après le baccalauréat, je pensais qu'entreprendre des études de philosophie pourrait m'aider. En classe de terminale, j'avais été frappé par la manière dont le professeur ne nous apprenait pas une matière de plus, mais parlait droit à l'être humain en chacun de nous. Quand je suis entré à l'université, ma déception fut grande ; personne ne nous parlait plus.

Je raconte souvent cette anecdote tant elle est significative du rapport faussé au savoir que j'y ai rencontré. Le premier cours auquel j'ai assisté portait sur le *Phédon* de Platon que nous allions étudier toute l'année. Le professeur nous a distribué une bibliographie de quarante pages. Je me suis dit avec découragement : « Je n'arriverai jamais à lire tout cela. » Lire sérieusement quelques-uns des dialogues de Platon me semblait une tâche suffisamment difficile.

Le ton était donné. Le professeur n'avait nullement l'ambition de lier son travail universitaire et son existence. Son enseignement ne débouchait pas sur un changement personnel, il ne s'incarnait pas. Si je lui avais parlé ainsi, il n'aurait sans doute pas même compris le sens de ma remarque.

J'étais découragé. Je ne voyais pas d'issue. J'ai alors écrit une lettre au bibliothécaire avec qui j'étais resté en contact. Il m'a à nouveau proposé de pratiquer la méditation, et cette fois, j'ai pensé n'avoir rien à perdre. Que je pouvais bien essayer. Une seule soirée, après tout, je n'en mourrais pas.

LA MOTIVATION

J'ai sauté le pas car je sentais que quelque chose ne tournait pas rond.

D'une part, je ne voyais pas trop comment réussir à vivre. Je n'allais pas très bien, traversé par une grande angoisse et des questions qui semblaient insolubles et vaines.

D'autre part, j'avais le sentiment que quelque chose ne tournait pas rond dans le monde. Il est rare que notre désarroi soit uniquement personnel. Je me souviens qu'en classe de seconde le professeur d'anglais nous avait demandé quelle était notre aspiration la plus profonde, ce que nous voulions accomplir dans la vie. Tout le monde avait répondu « se marier, avoir des enfants, un bon travail ». Je m'étais dit, et pas seulement parce que je suis homosexuel, qu'il devait bien y avoir autre chose. On devait pouvoir demander plus que cela de l'existence. Mais j'étais mal à l'aise car je ne savais pas comment formuler cette aspiration : habiter la poésie, s'approcher de la vérité, faire quelque chose de grand, être un peu plus au service des autres, s'engager davantage pour eux, apprendre à devenir un meilleur être humain…

CRISPATION ET SOULAGEMENT

Sitôt la décision prise, je fus très inquiet. Je pressentais que ce n'était pas un geste anodin.

Je demandai au bibliothécaire si je devais m'habiller d'une manière particulière. Le seul conseil qu'il me donna fut celui-ci : « On pratique sans chaussures, fais simplement attention qu'il n'y ait pas de trous à tes chaussettes ! » Nous nous sommes retrouvés dans l'appartement d'un couple d'Américains qui accueillaient régulièrement des méditants depuis plusieurs années. Ce soir-là, quand je me rendis à l'adresse indiquée et que je sonnai à la porte, j'étais fébrile. La personne qui m'accueillit me conduisit dans un petit salon et me donna une rapide instruction de méditation, avant de me mener dans une plus grande pièce où une vingtaine de personnes pratiquaient.

Je m'assis sur le coussin de méditation dans un état de crispation intense. Ayant compris qu'il fallait « être présent », j'y tendais de toutes mes forces. Je voulais tellement bien faire qu'en réalité j'étais surtout très crispé. Cette séance et les suivantes furent très douloureuses. J'avais mal partout. Mais paradoxalement, j'étais content comme je ne l'avais jamais été.

AVOIR LE DROIT D'ÊTRE COMME NOUS SOMMES

Après toutes ces années où, à l'école, j'étais sans cesse confronté au principe selon lequel il est toujours possible de faire mieux et que chaque travail doit être évalué et critiqué, voilà que l'on me proposait une tâche qui ne demandait aucune compétence. Mon sentiment de n'être jamais à la hauteur était comme court-circuité à la racine. Méditer, je le découvrais, consistait simplement à être comme j'étais en y portant attention. Il ne fallait rien chercher à réussir, mais simplement reconnaître ce qui est. C'était un profond soulagement.

Pendant la première année à l'université, l'objectif avoué par tant de professeurs était de décourager le plus d'élèves possible afin que nous soyons moins nombreux en deuxième année. Or, avec la méditation, il s'agissait que chacun, quel qu'il soit, ait le droit d'être comme il est.

La deuxième source d'étonnement et de plaisir fut que la méditation est d'une étonnante simplicité. Car au fond, qu'est-ce que méditer ? Il n'y a pas plus élémentaire. Vous êtes assis sur une chaise ou sur un coussin, et vous cultivez un sens de présence. Vous pouvez, pour ce faire, vous aider de votre respiration. En lui prêtant attention de manière délibérée, vous vous ancrez dans le présent vivant.

Enfin, quand je suis entré la première fois dans la salle de pratique, je fus frappé par le fait que tout le monde se tenait droit. Je n'avais jamais vu des gens pratiquer la méditation auparavant. C'était très beau. En pratiquant, chacun me semblait toucher à la racine de son humanité. Parfois encore, aujourd'hui, quand je dirige une session de méditation et que je regarde toutes ces personnes assises, le dos droit, présentes et alertes, je suis très ému. Je vois le souci de chacun de prendre sa vie au sérieux, de se tenir en rapport avec la simplicité la plus essentielle.

ÊTRE

Vingt-cinq ans plus tard, je reste toujours aussi émerveillé par cette découverte de la première fois. Dans la vie, on nous demande d'être efficaces et justes, rapides mais aussi détendus, de prendre des responsabilités et de tenir des rôles.

Or la pratique de la méditation nous invite simplement à *être*. Être avant toutes les déterminations habituelles. C'est un soulagement chaque fois aussi profond.

Il ne s'agit pas de renoncer à faire ce qui importe, à ne plus répondre à nos engagements et responsabilités, mais à être d'abord qui nous sommes à partir de cette confiance que la méditation nous permet de découvrir.

LA PLUS GRANDE DIFFICULTÉ

Souvent, la méditation est présentée comme une façon de guérir le stress et d'être plus calme. Elle apporterait un bien-être. Je trouve cette manière d'en parler fausse et dangereuse. J'y reviendrai tout au long de ce livre.

Si j'étais venu pratiquer pour connaître un sens de paix, j'aurais été déçu et je n'aurais pas continué. J'ai fait l'expérience d'une intense crispation pendant de longs mois. Mais ce qui me fit continuer fut la découverte que cela ne changeait rien. Je n'avais rien à réussir. Je pouvais rester assis sur la terre quel que fût mon état. Je pouvais même entrer ainsi en rapport avec ma propre crispation.

Dans la pratique, si la colère ou des pleurs surgissent, nous les regardons avec bienveillance et attention sans aucun jugement, sans en tirer aucune conclusion. Simplement : voilà ce qui est. Ce n'est ni bien ni mal. Si nous sommes tristes, nous sommes tristes. Si nous sommes joyeux, nous sommes joyeux. Nous regardons simplement avec une attention bienveillante ce que nous éprouvons. Le secret de la pratique est là.

2

Je m'engage à pratiquer quotidiennement et découvre la différence entre être présent et ne pas l'être

Avoir la tête libre : être présent.

Georges Braque

Quand j'ai découvert la pratique de la méditation, j'ai éprouvé la possibilité d'un soulagement réel. J'ai donc décidé d'y consacrer un moment chaque jour. Au tout début, je n'osai en parler à personne. La méditation donnait alors lieu à de profonds malentendus et suscitait d'étranges craintes. Est-ce que ceux qui pratiquent n'entrent pas dans une sorte de secte ? Doit-on se convertir à une nouvelle religion ? Est-ce que j'allais désormais être végétarien et ne plus jamais boire un verre de vin ? Me raser le crâne ? Qu'avais-je à reprocher aux religions occidentales pour m'en détourner ainsi ? Est-ce que je voulais rejeter ma culture et nier mes racines ? Est-ce que je croyais à la réincarnation ?

Comment expliquer qu'en méditant je voulais simplement apprendre à être un peu plus présent à ma propre vie ?

Pour éviter les ennuis, j'ai pensé qu'il serait préférable de ne pas dire à mes parents que j'avais décidé de méditer. Heureusement, il y avait au 7e étage de l'immeuble où nous habitions une toute petite chambre de bonne et, prétendant que je devais étudier au calme, j'y montais chaque matin. À l'aide de quelques annuaires téléphoniques, je m'étais confectionné un coussin de méditation.

ÊTRE PRÉSENT ET NE PAS L'ÊTRE

En méditant régulièrement, je découvrais peu à peu la différence entre le fait d'être présent et le fait de ne pas l'être. On parle beaucoup aujourd'hui de « vivre dans l'instant présent », mais comprendre ce que cela veut dire de façon concrète et personnelle n'est pas si évident.

Chaque semaine, je retournais méditer près de la place des Ternes dans l'appartement de ce couple d'Américains où j'avais découvert cette pratique. À la fin de la séance, nous avions une discussion avec un enseignant. Un jour, il expliqua que boire un verre de vin pour de bon et *penser* boire un verre de vin étaient deux choses très différentes. Cela peut sembler d'une banale évidence, mais cette phrase me sembla surprenante ! J'avais toujours supposé qu'il était préférable de *penser* boire un verre de vin que de le boire en vérité. Dans l'imaginaire, tout est parfait. Dans la réalité, n'est-on pas toujours un peu déçu ?

Avant de pratiquer, entrer en rapport avec le présent me paraissait inintéressant : je trouvais préférable de me perdre dans mes pensées. Éviter l'ennui. Éviter la douleur. Mais désormais, la nudité et la fraîcheur de l'expérience commençaient à m'apparaître dignes d'être éprouvées et explorées.

LE MOMENT PRÉSENT ET L'INCONFORT

Un jour, alors que je marchais dans la rue, quelqu'un me bouscula et je perdis le fil de mes pensées. Au lieu de me dire comme d'habitude : « Zut, à quoi étais-je donc en train de penser ? », je me réjouis de cette invitation à revenir au présent. J'en fus le premier surpris. Quelque chose était en train de changer en moi.

Être pleinement présent, en tout cas au premier abord, n'est pas confortable. Les moments de présence ne sont pas des instants de parfaite sérénité. Ils nous bousculent, même si c'est souvent de manière discrète. Le reconnaître est important, car alors nous comprenons mieux pourquoi il nous est si difficile d'être vraiment présents : il nous faut accepter de nous ouvrir, de perdre nos points de repère habituels, de cesser un instant notre bavardage mental.

C'est un profond enseignement. Nous ne pouvons pas apprécier chaque moment de notre vie sans affronter cet inconfort. Même si je souhaite boire cette tasse de thé en pleine conscience, je vais devoir faire l'effort de revenir à la sensation simple et directe. En ce sens, même ce simple mouvement est déjà une aventure. Nous ne connaissons pas d'avance le goût du thé que nous allons boire. La tasse que nous prenons en main est toujours nouvelle.

Pour en faire vraiment l'épreuve, il nous faut abandonner l'incessante activité mentale qui nous donne le sentiment de pouvoir contrôler tout ce qui nous arrive. Si nous avons un rendez-vous qui nous angoisse, nous avons tendance à y penser, à nous projeter et à chercher à vivre la scène par anticipation. Nous croyons, sans même en avoir conscience, qu'en ressassant ainsi nos peurs nous allons influer sur la réalité... S'il peut être utile de consacrer un moment à se préparer, évoquer inlassablement la même situation imaginaire ne nous aide en rien. Au contraire, nous ne faisons que nourrir notre angoisse.

RENCONTRER QUELQU'UN ET SE PROMENER AU BORD DE LA MER

Plus nous entrons en rapport avec le présent, plus nous nous rendons compte que nos idées à son sujet nous tiennent, en vérité, à distance de lui. Nos conceptions sur une chose ne sont pas la chose même. Malheureusement, nous vivons la plupart du temps, sans même nous en rendre compte, à travers ce filtre.

Il y a quelques années, je suis allé pour la première fois en Bretagne, dans un endroit typique de cette région. Tout était là : les rochers, l'océan, le ciel rose ... Or, à mon grand désarroi, je ne percevais qu'une série de cartes postales. Je ne faisais que regarder des images. J'ai essayé de voir l'océan et les rochers, sans passer par le filtre de ces clichés. Je n'y arrivais pas.

Enfin, à force de patience et d'attention, un soir, d'un seul coup, j'ai éprouvé dans tout mon corps l'unité entre l'eau, les rochers et ma présence. Je ne contemplais plus un spectacle, une sorte de photographie ou d'image télévisée. J'étais avec les rochers.

Cette expérience toute simple de présence ne se donne à vivre que pour autant que nous parvenions à désobstruer nos perceptions, notre esprit et notre cœur. Voilà exactement ce que j'apprenais en méditant. Il existe un présent vivant, en deçà de nos préoccupations et de nos habitudes de pensée et de comportement, une réalité beaucoup plus vaste. Il n'est pas facile d'y accéder.

Quand nous rencontrons quelqu'un pour la première fois, nous avons tendance à en rester à des généralités, à des phrases toutes faites. Si nous voulons qu'une rencontre réelle ait lieu, il faut prendre un risque. Celui de ne pas savoir, de baisser sa garde, d'être prêt à dire quelque chose.

Voilà la raison d'être de la méditation. Elle nous apprend à devenir de plus en plus sensibles à tous les moments de présence où, ayant accepté d'entrer dans l'inconnu, nous découvrons une réalité plus riche et plus pleine que nous ne le pressentions.

LE DON DE LA FÉE MÉDITATION

Dans certains contes de fées, le héros reçoit un talisman sans savoir s'il doit s'en réjouir ou s'en inquiéter tant ce don l'oblige. La leçon est évidente : le sens de ce qu'il a reçu dépend de la manière dont il va ou non se relier à lui. Toute personne ayant pratiqué la méditation reçoit elle aussi un cadeau très singulier : éprouver la différence entre être pleinement là et ne pas l'être. Une fois ce don reçu, il lui devient impossible de l'oublier. Cela ne manquera plus de la hanter pour le reste de sa vie.

C'est ce qui m'est arrivé. Auparavant, être perdu dans mes pensées me semblait une bonne chose. Désormais, quand je vis dans une sorte de pilotage automatique, je sens que quelque chose devient faux et lourd. Mon inattention m'appelle à en sortir.

LA DÉCOUVERTE DU CONTRASTE, UN CHANGEMENT DE PARADIGME

La pratique ne consiste pas à nous faire vivre dans un état de présence continu et sans ombre. Elle intensifie au contraire le contraste entre le présent et le ressassement. On ne peut jamais s'installer à demeure dans le présent.

C'est là le grand secret.

Méditer, c'est développer le goût de la présence nue qui nous permet de distinguer son parfum partout où elle se trouve.

Abandonnons l'idée que si nous sommes perdus sur notre coussin, si nous avons envie de dormir, si nous sommes tendus et crispés comme je l'étais à mes débuts, nous pratiquons mal. Ce qui compte n'est pas d'être présent tout le temps, mais de percevoir le contraste, de travailler avec lui. La vie est ainsi faite que nous sommes parfois présents, parfois non, parfois en colère, parfois endormis : c'est à cela qu'il faut apprendre à nous relier. N'essayons pas de fabriquer une réalité parfaite.

Autrement dit, méditer ne consiste pas à jouir de chaque moment dans une sorte de *carpe diem*, mais à entrer dans l'ouverture du moment présent. Par exemple si quelqu'un me bouscule, l'enjeu n'est pas de savoir si je vais arriver à jouir du présent, mais à faire l'expérience de la réalité. Si je bois une tasse de thé, la question n'est pas de savoir si j'en ai assez joui mais si j'ai rencontré ce moment pour de bon. C'est là une perspective moins égocentrique et beaucoup plus vivante !

UNE BONNE NOUVELLE

Pour revenir au moment présent, nous n'avons pas d'effort particulier à faire. Tout être humain en tant qu'humain possède cette capacité.

Tout ce dont nous avons besoin pour pratiquer ne réside pas à l'extérieur de notre humanité, mais en fait partie intégrante. Il ne s'agit pas d'une compétence que quelques rares individus auraient la chance de posséder. Pour lire un texte de philosophie, il faut des dispositions intellectuelles que tout le monde n'a pas, pour faire du sport il faut des capacités physiques qui ne sont pas données à tous, pour jouer du piano, il faut une sensibilité artistique dont chacun n'est pas pourvu.

Pour méditer, rien de tel, tout le monde possède tout ce qu'il faut. L'être humain a cette chance insigne qu'il lui est donné la possibilité d'être pleinement présent.

Ce fut pour moi une découverte étonnante. À partir du moment où je me suis engagé à pratiquer quotidiennement, j'ai découvert que, quel que soit l'état dans lequel j'étais, quelles que soient ma confusion ou ma douleur, je pouvais toujours revenir à la simplicité de la présence nue. La méditation ne vous apporte rien de nouveau, elle n'ajoute rien à votre être fondamental, elle vous fait découvrir un trésor que vous avez déjà sans vous en être jamais rendu compte.

L'essentiel est de le reconnaître.

3

Je fais ma première expérience de l'espace en méditant et j'en comprends le sens profond grâce à Bob Wilson

Rien de nouveau. Simplement, il n'y a pas de récit. Or les gens ont l'habitude que, sur scène, on leur raconte une histoire. Tout s'organise autour d'une construction impliquant le temps et l'espace, et le rapport entre le thème et ses variations.

*Robert Wilson au sujet d'*Einstein on the Beach

L'ÉNIGME DE L'ESPACE

Dans l'appartement du couple d'Américains, chaque semaine, la personne qui présentait la méditation parlait du lien entre méditation et espace comme d'une évidence. Un jour, elle cita même cette phrase : « S'asseoir pour méditer, c'est une manière *d'être* dans l'espace ouvert[1]. » J'en fus fortement intrigué. Mais

1. Chögyam Trungpa, *Bardo. Au-delà de la folie,* Paris, éditions du Seuil, 1995, p. 31.

qu'était-ce donc que l'« espace ouvert » ? Pendant quelques mois, ce fut une véritable interrogation. Je ne comprenais pas ce qu'elle voulait dire.

Avec beaucoup de patience, je compris qu'elle évoquait cet instant où, revenant au moment présent, tout est plus ouvert : nous sommes pris dans nos pensées, coupés de la réalité, et d'un seul coup, nous revenons et la situation est libre et spacieuse. Vingt-cinq ans plus tard, j'ai la conviction que là est l'essentiel, l'une des raisons d'être du chemin tout entier. Mais à l'époque, j'avais le sentiment d'être tombé sur un os. Qu'est-ce que tout cela voulait dire ?

MANQUER D'ESPACE ET S'ÉLEVER AU SOMMET D'UNE MONTAGNE

Dans le langage courant, il est des situations où l'on évoque cette expérience. Par exemple lorsqu'on dit : « J'étouffe », « La situation est complètement claustrophobe » ou même « Tu me pompes l'air. » On ne désigne pas un état physiologique – un manque soudain d'oxygène – mais une sensation profonde d'étouffement de tout notre être.

Quand l'oppression vient à disparaître règne alors l'espace – présence et ouverture.

Lorsque vous êtes au sommet d'une montagne, vous êtes plus facilement ouverts et détendus. Il peut même arriver que vous ne sentiez plus aucune séparation entre vous et le paysage qui vous entoure de toutes parts et s'ouvre ainsi à vous. Vous vous détendez en un sens profond.

Pratiquer la méditation, c'est découvrir qu'il n'est pas nécessaire de prendre un billet de train ni une voiture pour vivre cette expérience de la haute montagne. Il est possible de le faire dans toutes les situations. Même dans une caverne sombre, nous pouvons laisser tomber la tension mentale et nerveuse, nous ouvrir à la simplicité du présent et nous hisser ainsi au sommet de la montagne.

C'était une découverte importante : l'espace n'est pas dépendant des seules circonstances extérieures.

Je me souviens avoir posé à l'enseignant une question qui me hantait : « Est-ce que j'ai bien compris ? L'espace dont vous parlez est tout aussi bien celui qu'il peut y avoir entre vous et moi qu'entre deux pensées ?

– En effet, m'a-t-il répondu. Dans la pratique, l'espace physique et l'espace psychologique ne sont pas distincts. »

Ce fut un éclair décisif. Ma compréhension de la pratique de la méditation s'en est trouvée transformée.

L'ESPACE ET L'ESPRIT

Aujourd'hui, je comprends mieux l'aspect révolutionnaire de cette façon de parler de l'espace propre à l'enseignement de la méditation. En Occident, depuis le XVIIe siècle, et en particulier depuis Descartes, nous avons distingué deux ordres de réalité : d'un côté la substance étendue, c'est-à-dire l'espace matériel, et de l'autre la substance pensante, l'esprit. Pour nous, l'espace est mesurable géométriquement, une affaire de mètres carrés, et l'esprit est immatériel et limité au « mental ».

Or l'expérience que nous faisons dans la méditation est exactement contraire à cette conception philosophique : nous découvrons qu'espace et esprit ne sont pas distincts et séparés. L'esprit n'est pas un amas de pensées, il est ouvert et vivant. Il n'y a là rien de magique ni d'ésotérique. Au sommet d'une montagne, votre esprit est spacieux, quand on vous crie dessus votre esprit se referme.

LA POÉSIE DU GESTE NU

Une fois que j'ai reconnu cette expérience de l'espace, je me suis rendu compte que je l'avais déjà rencontrée. Et, au premier chef, dans l'art. L'expérience la plus décisive fut, quand en 1984, j'ai assisté à un spectacle de Robert Wilson – *Médée*. J'avais dix-sept ans. Je ne savais pas du tout où j'allais. Une amie, rencontrée peu avant, m'avait fait ce magnifique cadeau.

Pour ceux qui ne le connaissent pas, Robert Wilson est l'un des grands artistes contemporains, qui a mis en scène des pièces de théâtre et des opéras qui ne ressemblent à rien de ce que l'on connaît. Le plus célèbre de ses spectacles, *Einstein on the Beach*, fut écrit avec le compositeur Philip Glass et créé en 1976. Il a été repris en 1992, au théâtre de Bobigny. C'est là que j'ai vu pour la première fois, et j'en ai été émerveillé au point qu'il reste encore aujourd'hui le plus beau spectacle auquel j'ai assisté.

LA CONFIANCE EN L'ESPACE : UN RENVERSEMENT

Robert Wilson a œuvré thématiquement sur l'espace en ses diverses modulations – si bien qu'il en éclaire le sens profond et nous permet d'en faire une expérience très directe. Il a compris que pour y réussir, il est indispensable de quitter le champ de la psychologie et de la narration.

Si je vois un spectacle où ce qui importe n'est pas l'histoire racontée, mon attention va se porter de façon beaucoup plus précise sur la présence même des acteurs, leurs voix, le rythme de leurs pas, la lumière – tout ce qui module et ouvre l'espace.

Or il en est exactement ainsi avec la méditation : nous ne portons pas notre attention sur le contenu de nos pensées, sur leur scénario, mais sur leur tonalité particulière, leur manière d'agir en nous, leur qualité. Nous ne cherchons pas à les comprendre mais à les placer dans un espace plus vaste.

DEUX MANIÈRES D'ÊTRE

Comment devenir sensible à l'espace ? Prenons un exemple tout simple. Robert Wilson enseigne qu'il y a deux manières de marcher selon que vous êtes ou non en rapport à l'espace tout entier. Si vous marchez en restant par exemple dans votre tête ou votre émotion, préoccupé par des pensées étrangères ou par ce que vous voulez communiquer, votre attention au monde est alors restreinte. Vous n'êtes pas pleinement là. En revanche si vous sentez ce qui est autour de vous, le sol sur lequel vous marchez, l'espace qui est au-dessus de vous alors votre présence est beaucoup plus ample. Et cette présence n'est pas psychologique, limitée à votre conscience et à vos états d'âme. Et cela se voit objectivement.

Pour mieux faire sentir l'espace pendant la marche, Robert Wilson invite parfois les acteurs à ralentir considérablement. Si pour traverser une pièce vous mettez une minute ou un quart d'heure, vivez-vous la même expérience ? En changeant le rapport courant au temps, pouvons-nous découvrir une autre relation à l'espace ? Nous voyons ainsi qu'espace et temps ne sont en rien séparés.

À l'époque où j'ai commencé à pratiquer, j'ai fait un stage de deux jours à Paris avec Robert Wilson, juste en face du centre de méditation où je me rendais chaque semaine. Quelle coïncidence ! Je n'avais pas un sou, mais j'ai tout de même téléphoné à l'organisateur. Mon enthousiasme a dû le toucher car il m'a laissé y participer en me demandant simplement, en contrepartie, de m'occuper des inscriptions. Je lui en suis encore reconnaissant. Ce fut une étape clé sur mon chemin.

Robert Wilson n'a pas fait de longs discours. Il nous a appris à nous tenir debout, à marcher, puis à faire un geste. C'était à la fois très simple et d'une grande profondeur – il nous montrait ainsi une manière d'entrer pleinement en relation avec notre propre humanité. Ce fut un moment aussi important que les expériences que j'ai vécues plus tard avec quelques grands maîtres de méditation.

LE SENTIMENT ÉLÉMENTAIRE D'ÊTRE

Le sens d'être ne peut se réduire à une chose coulée dans le béton, il se déplace tout le temps, il projette vers l'intérieur et l'extérieur, et il fluctue beaucoup. Robert Wilson m'a montré une manière très simple de vivre cette expérience au cœur de la méditation. Nous pouvons entrer en rapport avec l'espace à la mesure de notre façon d'habiter un geste – c'est-à-dire n'importe quelle forme.

Qu'est-ce qu'une forme ? Prenons, par exemple une feuille blanche, si je dessine une forme – un rond ou même simplement un point –, elle fait apparaître l'espace.

Autrement dit, l'espace et la forme ont besoin l'un de l'autre pour apparaître pleinement. Or nous oublions l'espace et, du coup, nous ne voyons pas la forme. Nous regardons la pêche et le citron posés sur la table – non l'espace qui existe entre eux et qui les met en rapport. Or pourtant, l'espace est essentiel. C'est par lui que nous pouvons découvrir la présence. Non seulement la pêche, mais la présence de la pêche.

Un jour, dans les années 1970, Chögyam Trungpa fut invité à la télévision américaine. À la fin de l'entretien, on lui demanda s'il avait une dernière chose à ajouter. Il répondit par l'affirmative et, se tournant vers la caméra annonça : « Vous qui regardez l'écran de télévision, sentez maintenant l'espace entre le téléviseur et vous. »

Parfois, je fais de même avec mon écran d'ordinateur. Ne plus être collé à lui – mais sentir l'espace entre lui et moi. Sentir l'espace autour de l'écran. L'espace derrière mon dos. L'espace de la pièce tout entière. L'espace du monde.

FILM D'ACTION ET MÉDITATION

Si vous regardez un film d'action hollywoodien, vous êtes entièrement pris par ce qui défile devant vous. Ce que vous allez ressentir a été entièrement décidé par les producteurs et le réalisateur : ici vous allez avoir peur, là vous serez émus, là vous serez

pris par le suspens... Votre attention est tout entière concentrée et focalisée.

La méditation vous fait découvrir une *attention ouverte* – qui loin de vous tendre, voire de vous stresser, vous rend plus présent et détendu. Elle vous octroie de la place pour entrer en rapport avec la situation de manière entièrement libre.

Simplement en nous apprenant à marcher en rapport avec l'espace tout entier, Robert Wilson nous permettait de découvrir ce sens de présence que je n'avais pas soupçonné.

Depuis mon enfance, j'avais le sentiment d'étouffer. D'être bombardé d'émotions et de pensées. Là, je découvrais une distance. La possibilité de me retrouver.

Je pris cet enseignement très au sérieux. Je me souviens qu'un soir, je me suis mis à marcher lentement, vraiment très lentement, sur la grande place qui se trouve juste devant l'Hôtel de Ville. J'avançais en parcourant un ou deux centimètres à chaque pas. Ce fut une expérience surprenante et magnifique. Je découvrais cette place comme jamais je ne l'avais vue. Au bout d'une heure, des policiers sont venus me demander ce que je faisais et l'expérience s'en est tenue là, pour cette fois...

CHÖGYAM TRUNGPA ET ROBERT WILSON

Quand, adolescent, j'ai assisté à un spectacle de Bob Wilson, j'ai d'abord pensé que je venais de vivre une expérience esthétique par excellence, c'est-à-dire de plaisir. Mais grâce à la méditation, j'ai compris qu'il s'agissait en réalité d'une expérience méditative de pure présence.

En réalité, le théâtre, comme le rappelle Antonin Artaud, est d'abord né comme un rite pour rassembler les hommes et les mettre en rapport avec le sacré – nullement pour les divertir ou leur donner du plaisir. Robert Wilson comme Artaud ont beaucoup étudié les arts traditionnels, tout particulièrement les théâtres japonais et balinais.

À Bali, il existe près d'une centaine de formes pour codifier le simple mouvement des yeux des danseuses. Ces gestes ne veulent rien signifier de particulier mais ils montrent l'espace en l'accentuant chaque fois d'une manière différente. L'enjeu n'est pas d'exprimer des mouvements de joie ou de colère mais de moduler un sens de présence. Comme le souligne Antonin Artaud : « Notre théâtre qui n'a jamais eu l'idée de cette métaphysique de gestes, qui n'a jamais su faire servir la musique à des fins dramatiques aussi immédiates, aussi concrètes, notre théâtre purement verbal et qui ignore tout ce qui fait le théâtre, c'est-à-dire ce qui est dans l'air du plateau, qui se mesure et se cerne d'air, qui a une densité dans l'espace : mouvements, formes, couleurs, vibrations, attitudes, cris, pourrait, eu égard à ce qui ne se mesure pas et qui tient au pouvoir de suggestion de l'esprit, demander au théâtre balinais une leçon de spiritualité[1].»

Cette leçon de spiritualité est précisément liée à la découverte de l'espace ouvert.

Si la méditation m'a aidé à mieux comprendre le sens originel de l'art, en retour, je trouve que l'art permet de découvrir le sens profond de la méditation. En ce sens, la méditation a bien plus à voir avec l'art qu'avec la religion. L'important n'est pas d'adopter une croyance particulière, d'avoir foi en un être invisible, mais d'apprendre à s'ouvrir à la présence.

Wilson demanda à une actrice qui jouait dans sa pièce *Médée* de rester debout sans bouger. Elle lui rétorqua que personne ne la remarquerait. Il a répondu : « Si tu es là debout véritablement immobile, absolument comme une statue, comme une déesse qui est là depuis deux mille ans, on ne remarquera que toi[2].»

Comment apprendre à être ainsi *présent* ?

1. Antonin Artaud, *Le Théâtre et son double*, *in Œuvres*, Paris, Gallimard/Quarto, 2004, p. 537.
2. *Robert Wilson from within*, sous la direction de Margery Arent Safir, Paris, Flammarion, 2011, p. 291.

C'est là vraiment toute la raison d'être de la pratique de la méditation !

Quelques années plus tard, j'ai découvert à mon grand étonnement que Robert Wilson avait rencontré à diverses reprises le maître de méditation Chögyam Trungpa et qu'ils avaient eu, ensemble, de nombreuses discussions. Lorsque je travaillais au projet du *Cahier de l'Herne* Chögyam Trungpa, j'ai demandé à Robert Wilson d'y participer. Il m'envoya une réponse très courte : « J'ai rencontré pour la première fois Chögyam Trungpa avec Allen Ginsberg, à New York. Je le trouvai extrêmement ouvert et libre d'esprit, possédant un grand sens de l'humour et de l'ironie, un de ces hommes capables de voir deux mondes en un. Il y avait toujours cet espace derrière ses paroles ou ses actes. Cela me fascinait[1]. »

1. Cahier qui n'a jamais vu le jour mais a paru en anglais sous le titre *Recalling Chögyam Trungpa.*

4

La première retraite de méditation : je découvre la bienveillance

La bonté de l'homme est une flamme qu'on peut cacher mais qu'on ne peut jamais éteindre.

Nelson Mandela

Après quelques mois de pratique quotidienne, j'ai eu l'envie d'aller plus loin. Je suis parti, au mois de mars 1990, dans un petit village de la Suisse italienne où était organisée une retraite d'un mois. Nous devions être une trentaine de personnes venues de toute l'Europe. Le matin, nous nous levions à 6 h 30, la pratique commençait à 7 heures. Nous prenions ensuite le petit déjeuner de manière méditative, en suivant un très beau rituel venu du zen où l'on mange selon des gestes précis qui nous aident à être plus attentifs. Nous avions ensuite une petite pause avant de reprendre la méditation jusqu'à l'heure du déjeuner.

Une interruption s'ensuivait, puis la pratique occupait toute l'après-midi. Entre deux méditations assises, nous effectuions une méditation en marchant, où, au lieu de porter l'attention sur le souffle, nous étions attentifs au mouvement du corps et à la sensation des pieds qui se posent sur le sol.

Après le dîner, nous pratiquions encore jusqu'à ce qu'il soit l'heure d'aller nous coucher.

Tous les trois ou quatre jours, je rencontrais, pour un entretien individuel, un enseignant avec lequel j'abordais les difficultés de ma pratique.

Quand, aujourd'hui, je décris ce programme, je suis frappé par son exigence et par la façon dont j'ai alors sauté à pieds joints dans la pratique. Mais à l'époque, cela ne m'est pas du tout apparu ainsi. J'ai simplement répondu à un appel profond. Puisque la pratique de la méditation me semblait une réponse réelle, autant m'y engager pour de bon.

UN MIROIR ET UNE AVENTURE

Quand la retraite a commencé, la première chose qui m'a frappé, c'est que je n'avais nul besoin de réfléchir à ce que je voulais faire. Je n'avais qu'à suivre l'emploi du temps.

Dans cette situation simplifiée, je pouvais observer beaucoup plus précisément mon propre état d'être : si j'étais malheureux ou joyeux, tendu ou apaisé, cela n'était dû qu'à mon propre état d'esprit puisque le contexte dans lequel je me trouvais restait assez immuable.

C'est un peu étrange quand on y songe, je découvrais qui j'étais en ne faisant rien d'autre qu'entrer en rapport avec mon souffle. Durant cette retraite, je n'ai pas été invité à analyser mes souffrances, ni à passer de tests de personnalité. Et pourtant, ce fut un voyage incomparable pour me relier profondément à qui je suis et pour comprendre un peu mieux mon propre esprit.

Et en effet, quand on participe à un séminaire ou à une retraite, ce n'est pas pour faire des expériences transcendantales, ni pour se vider la tête, ou toutes ces niaiseries qu'on lit trop souvent. On part pour se rencontrer et travailler courageusement avec ce que l'on est. Ce sont les deux points cruciaux. D'abord, on se rencontre puis on apprend à travailler avec ce qui émerge.

SE CONFRONTER À LA DÉTRESSE

En pratiquant, je découvrais aussi un sens de présence à la fois bon, ouvert et sain. Ce fut une expérience très forte. Je voyais un arbre, la neige, les montagnes comme jamais. Comme je les appréhendais libres de mes interprétations, ils semblaient devenir plus réels.

Mais du coup, mon inévitable tendance à commenter la réalité, à la juger et surtout à penser sans cesse à autre chose, me donnait le sentiment que je gâchais la simplicité de la présence. Je regardais la montagne, et j'étais déjà en train de penser à autre chose. Cela me désolait. Le monde était magnifique, mais moi, me disais-je, je ne fais que l'abîmer. Je m'en voulais beaucoup.

Lors d'un entretien, celui qui dirigeait la retraite me dit : « C'est vraiment très étrange, tu es tellement gentil avec les gens mais tellement dur avec toi. Pourquoi t'en veux-tu autant ? Qu'est-ce qu'ils t'ont fait ? »

Chaque fois qu'il me voyait, il me demandait à nouveau : « Mais qu'est-ce qu'ils t'ont fait ? »

Mon enfance avait été, il est vrai, très dure. Dans cette retraite, j'en faisais l'épreuve. Un soir, je me souviens, j'ai même explosé de désespoir : la nuit était tombée et je me suis jeté sur un talus, en larmes. Je l'ai frappé de toutes mes forces en hurlant : « Je ne veux pas être moi. » Plusieurs personnes cherchèrent à me ramener au calme, mais sans y parvenir. Je hurlais : « Non ! Je ne veux pas être moi ! », éprouvant comme jamais cette blessure intense et cette rage qui m'habitaient.

Cet épisode éclaire un point important de la pratique : même si personne n'a besoin de faire des expériences aussi intenses et douloureuses, méditer implique de mettre au jour ce que nous sommes, ce qui nous travaille, y compris nos ombres et nos peurs. C'est seulement en touchant là où nous avons mal que nous pouvons ensuite avoir de la bienveillance pour nous et qu'une guérison est possible. Voyant aussi abruptement et clairement cette dureté qui m'habitait, je pus y apporter de la douceur. Ce fut l'autre versant de cette retraite.

DÉCOUVRIR LA BIENVEILLANCE

J'étais sans cesse en train de penser à mille choses, d'éprouver des émotions intenses et les rares fois où je revenais au souffle, je commentais la chose avec une dureté acerbe. C'est tout juste si je ne m'insultais pas. « Quel incapable je suis, même pas capable de rester présent deux minutes ! »

Il m'a fallu beaucoup de temps pour apprendre à être plus doux. L'enseignant m'y invitait : « Ne rejette pas les pensées qui s'élèvent. Tu ne ferais que te cogner la tête contre un mur. Méditer ne consiste pas à rester dans un état d'ouverture parfait, mais à faire vraiment l'épreuve de ton expérience, avec ses hauts et ses bas. Si tu pars en guerre contre toi ou contre certains aspects de toi, tu vas te faire beaucoup de mal. Ce n'est pas le sens de la pratique. » Je refusais de l'écouter. Je voulais réussir.

Quelque temps plus tard, il revint sur ce point, en me donnant une instruction précieuse : « Il faut que tu prennes le temps de rencontrer ton expérience, avant de revenir. Si tu es traversé par la colère, sens la couleur, le climat, la texture de ton expérience. Puis ramène ton esprit simplement à l'ouverture nue du présent.»

Ce fut une instruction importante. Méditer ne consiste pas à simplement «revenir», mais aussi à entrer en rapport avec la réalité de tout ce qui surgit en nous – nos pensées comme nos émotions. C'est une manière d'apprendre à dire bonjour à ce qui est.

Il est frappant de constater qu'actuellement la plupart des gens pensent que pratiquer consiste à être détaché de ce qu'ils ressentent. Ils considèrent que leurs émotions et leurs difficultés sont des obstacles. Ou encore ils croient qu'il faudrait avoir un tempérament contemplatif pour pratiquer! Ce n'est pas du tout le cas. Méditer consiste à entrer pleinement en rapport avec la réalité, telle qu'elle est. Ne pas s'en vouloir d'être aussi malheureux ou confus, maladroit ou déprimé. Cioran écrit très justement : «Pour nous conserver en bonne santé, nous ne devrions pas nous modeler sur le sage mais sur l'enfant, nous rouler par terre et pleurer toutes les fois que nous en avons envie. (…) L'homme qui se contient, qui se domine en toute rencontre, l'homme "distingué" en somme est virtuellement un détraqué[1].»

1. Cioran, *La Chute dans le temps, Œuvre,* Paris, Gallimard/Quarto, 1995, p. 1147, *sq.*

L'idée du détachement, que fustige Cioran, est en effet inhumaine. N'essayons pas de prétendre ne rien ressentir – ce serait à la fois se mentir à soi-même et fermer la porte de son cœur. Je ne crois pas, du reste, que le Bouddha ait été détaché de tout – il avait juste une attitude de profonde douceur et bienveillance envers tout ce qui lui arrivait et tous ceux qu'il rencontrait. Il était *dés-attaché*. C'est très différent.

ENTRER HONNÊTEMENT EN RAPPORT AVEC CE QUI EST

La méditation ne consiste pas à chercher à atteindre un état de paix qui pourrait nous protéger de la dureté du réel. La méditation implique d'avoir le courage de faire face à ses propres ombres comme à celles du monde. De ce point de vue, elle présente bien des points communs avec le travail des grands thérapeutes. Tous en effet insistent sur le fait qu'il est vain de fuir ce qui nous fait mal. C'est au contraire en y portant attention que nous pouvons nous en délivrer ou tout au moins avoir un rapport plus libre avec lui.

C'est parce que j'ai pratiqué dans cette perspective que la méditation m'a profondément aidé. Si on m'avait enseigné que la méditation consiste à devenir calme, j'aurais joué le rôle du bon et sage pratiquant. Ma détresse aurait été de plus en plus profonde et je ne sais pas dans quel état je serais aujourd'hui.

Mais heureusement, chacun de ceux que j'ai alors rencontrés me disait : méditer ne consiste pas à être toujours souriant et positif, mais à s'ouvrir à qui nous sommes !

Il y a en chacun de nous des blessures, ce n'est pas en essayant d'inventer un monde parfait que nous allons nous en délivrer. Il nous faudra bien un jour embrasser cette douleur si nous voulons l'apaiser.

Et pour ce faire, la méditation est une aide précieuse.

Elle permet de toucher la douleur et de la laisser être sans s'y appesantir. Il est ainsi possible d'apprendre à cultiver cette attitude qui, dans un premier temps, nous semble si étrangère : ni saisir notre douleur de manière crispée, ni la rejeter en refusant d'entrer en rapport avec elle.

Quand je pense à cette retraite, une leçon me saute aux yeux : il n'est pas possible de méditer en sachant ce qui va nous arriver. Si l'on m'avait dit : « Pars faire une retraite, tu vas découvrir la bienveillance et te rendre compte à quel point tu es dur avec toi-même », cela m'aurait effrayé. Je n'y serais sans doute pas allé. Le vrai chemin consiste à rencontrer ce qui se présente. À être prêt à partir pour l'aventure.

Aussi, la meilleure attitude consiste à ne pas avoir de but. Vous êtes ouvert à ce qui survient tel que cela survient et qui n'est jamais ce que vous auriez pu envisager. Je suis parti pour cette retraite parce que j'avais confiance dans l'expérience de la méditation. C'est aussi simple que cela.

Encore maintenant, je pars régulièrement en retraite. Je ne sais toujours pas à l'avance ce qui va advenir. Je fais confiance. La méditation sait où elle doit me conduire. C'est sans doute une vérité de fond pour tout être humain, qui n'est évidemment pas liée à la seule pratique de la méditation. Matisse, évoquant à la fin de sa vie son travail de peintre, le disait aussi : « Comme c'est curieux ! On est conduit, on ne conduit pas.» Là est sans doute le secret de tout vrai engagement comme de tout travail profond : ils nous gardent ouverts à l'inconnu.

5
Comment la méditation m'a peu à peu guéri de mon enfance

Sur Terre ont paru les feuilles !
Je vais aux chairs de fruit blettes.
Au sein du sillon je cueille
La doucette et la violette.

Arthur Rimbaud, Fêtes de la faim

Quand je me suis engagé dans la pratique, j'étais un adolescent malheureux. J'ai évoqué dans l'un de mes livres, *Auschwitz, l'impossible regard,* la douleur qui était alors la mienne. Mon père n'avait aucun rapport à la vérité, et donc à la Loi, et ne pouvait jamais me parler pour de bon. Quant à ma mère, elle n'avait pas de lien manifeste à l'amour : elle m'a toujours parlé sans réelle tendresse. J'avais le sentiment d'être une écrevisse jetée vive dans l'eau bouillante. J'étais profondément angoissé et parfois même terrorisé – pensant que tout cela était d'une manière ou d'une autre ma faute.

J'ai peu à peu compris que cette situation était en partie due au poids de l'histoire, à l'extermination d'un vaste pan de ma famille dans les camps nazis. Ma mère, née pendant la guerre dans un camp de réfugiés en Suisse pendant que le reste de la famille était déporté à Auschwitz, ne fut pas vraiment accueillie par ses parents.

Pendant toute mon enfance, j'ai ressenti une menace constante, comme si la Gestapo allait m'arrêter d'une minute à l'autre. Et pourtant personne dans ma famille ne disait un mot de ce qui s'était passé. Nous vivions dans un lourd silence qui me hantait.

Après la retraite dont j'ai parlé dans le chapitre précédent, j'ai compris que je ne pourrais pas échapper à cette douleur, à ce sentiment de n'avoir pas, au fond, le droit d'être qui j'étais. Il me fallait faire face avec honnêteté à cette situation. La méditation, je le comprenais, n'a pas pour finalité de nous protéger de la réalité mais de nous permettre de mieux la voir. Méditer, en ce sens, consiste à ouvrir un chemin dans la douleur, comme parfois s'ouvre un sentier dans la forêt qui nous permet de la traverser.

Ce sentier, je ne l'ai pas parcouru en un jour. En regardant aujourd'hui en arrière, je discerne les étapes qui le jalonnent et qui sont autant de manières d'apprendre à ne pas rester prisonnier de son passé. Je crois que réside là une des grandes leçons de la méditation.

LA MÉDITATION NOUS PERMET DE FAIRE L'EXPÉRIENCE DE NOTRE DOULEUR TELLE QU'ELLE EST

Le point de départ que tout méditant découvre est qu'il est possible d'avoir un rapport tout à fait singulier à ce qui nous blesse. Or ce qui nous étreint et nous fait mal, soit nous l'évitons, faisant comme s'il n'existait pas, soit nous le rejetons avec colère.

La méditation nous apprend à développer un tout autre rapport à la douleur, qui est une véritable libération : ni la nourrir (ce que nous faisons souvent malencontreusement en la ressassant), ni la fuir.

Qu'est-ce à dire ?

Il nous faut apprendre à entrer en rapport avec elle. Guérir de son enfance ne veut pas dire faire comme si elle n'avait pas eu lieu, l'effacer comme on peut jeter un fichier d'ordinateur à la poubelle. Il est impossible de trouver une certaine sérénité sans reconnaître nos blessures. Le chemin de l'apaisement nécessite d'accepter de rencontrer ce qui nous fait mal.

Une telle attitude ne consiste pas à chercher à comprendre ce qui nous arrive, mais à en faire l'épreuve. Cela nous paraît, à juste titre, difficile ! C'est en effet comme aborder un nouveau continent. Nous sommes experts pour analyser, voire « gérer » la douleur. Or la méditation part d'un tout autre point de vue et considère que ces approches-là ne sont pas réellement satisfaisantes. Il nous faut entrer en relation avec la douleur, la ressentir de manière détendue. Non pas l'accepter – certaines douleurs sont inacceptables –, mais la connaître, sans pour autant s'y perdre.

DÉCOUVRIR DES RESSOURCES INATTENDUES AU CŒUR MÊME DE NOTRE DOULEUR

Un tel geste demande d'avoir le courage de faire l'expérience de ce qui est – et ce, même dans les moments où nous aurions tendance à ne pas vouloir le faire. C'est toute la difficulté : il nous faut avoir la hardiesse de rencontrer notre douleur si nous voulons l'alléger. Mais celui qui a cette audace découvre des ressources inattendues.

L'une des plus belles descriptions de cette singulière expérience, je l'ai lue chez le poète Rainer Maria Rilke, qui écrit : « Peut-être tous les dragons de notre vie sont-ils des princesses qui n'attendent que le moment de nous voir un jour beaux et courageux. Peut-être que toutes les choses qui font peur sont au fond des choses laissées sans secours qui attendent de nous le secours. »

Les conceptions que nous avons pu élaborer sur ce qui nous arrivera si nous nous ouvrons sont nécessairement erronées. Rien ne se passe jamais exactement comme nous l'avons prévu. Le futur n'est pas déjà écrit dans le présent.

La grande difficulté est que ce geste d'ouverture est incommode et parfois même douloureux. Avant de le faire, nous croyons souvent qu'il est impossible. Que nous allons trop souffrir. Mais une fois que nous l'avons fait, nous découvrons que loin d'en être écrasés, nous en sommes au contraire profondément soulagés.

Il me faut cependant préciser ce que sont les dragons. Toutes les épreuves n'en sont pas, celle du mal n'en est pas une. Le mal, il ne s'agit pas de l'embrasser mais parfois de le fuir, parfois de le combattre. Aucun angélisme n'est ici de mise. Il est des situations où il faut se protéger.

Les « dragons » dont parle Rilke, les douleurs que j'évoque ici, ce sont ces sentiments qui nous blessent, ces peurs que nous n'avons pas voulu considérer. Or la leçon de la méditation est que l'obscur en nous, il faut l'éclairer. Il faut nous démasquer. Il n'y a pas d'autre choix.

LA DOULEUR EST AUSSI UNE ÉPREUVE DE LA VÉRITÉ

Cette épreuve que nous faisons dans la pratique de la méditation n'est pas un travail psychologique d'introspection, une analyse de notre histoire personnelle. Nous faisons l'expérience de la douleur de façon presque objective.

Il s'agit là d'un profond renversement. Nous sommes invités à faire attention à notre expérience, comme nous pouvons le faire par exemple quand nous nous relions au temps qu'il fait : « Tiens, aujourd'hui il pleut » ou encore, « C'est une matinée fraîche. » Nous ne cherchons pas à transformer le temps qu'il fait, à le juger, mais à bien savoir *comment* il est – pour, par exemple, nous habiller en conséquence.

En ce sens, la méditation est un effort singulier pour entrer un peu plus en rapport avec la vérité de ce qui est, avec la vérité de la situation comme avec la vérité de notre condition.

Or, de façon troublante, tout être humain qui approche la vérité de ce qu'il vit, en propre, rencontre l'humanité tout entière. Vous pouvez lire le témoignage de quelqu'un qui vit en Afrique et n'affronte absolument pas les mêmes défis que vous, et vous sentir réellement concerné. L'expérience propre de tout être humain, en sa *vérité*, dépasse sa seule subjectivité. C'est aussi pour cette raison qu'une œuvre d'art, pourtant unique et singulière, peut nous toucher autant.

LA MÉDITATION NOUS DÉSENGLUE : APPRENDRE À NE PAS S'IDENTIFIER À TOUT CE QUE NOUS RESSENTONS

L'important ici est de ne pas ramener notre expérience à un simple vécu qui me permettrait de me définir, de m'identifier à un état donné. Il faut la laisser ouverte. Source d'une constante interrogation.

C'est un point essentiel. À la différence de la psychologie la plus courante, si la méditation nous permet d'entrer dans l'expérience réelle de la douleur, elle nous permet *aussi* de ne pas nous identifier à elle. Si mon enfance est une blessure profonde, je ne *suis* pas mon enfance. Inutile de la porter en permanence comme un vieux vêtement.

Au musée d'Art moderne, j'ai vu, dans une exposition, une œuvre de Robert Filliou qui éclaire particulièrement ce point. Cet artiste appartient au mouvement Fluxus qui chercha dans les années 1970 à ne plus séparer l'œuvre artistique de la vie. Filliou a réalisé des affiches où sont écrites aux feutres de couleur des sortes de proclamations singulières. Sur l'une d'elles, il est écrit :

Filliou is a fool. In a way yes, in another way no.
[Filliou est un idiot. D'une certaine manière c'est vrai, d'une autre, c'est faux]
Filliou is timid. In a way yes, in another way no.
Filliou is pretentious. In a way yes, in another way no.
Filliou is violent. In a way yes, in another way no.

Filliou is terrible. In a way yes, in another way no.
Filliou is a good guy. In a way yes, in another way no.
Filliou laughs at others. In a way yes, in another way no.
Filliou laughs at himslef. In a way yes, in another way no.
Filliou is a frenchman. In a way yes, in another way no.
Filliou is a phony. In a way yes, in another way no.
Filliou is Filliou. In a way yes, in another way no.

À toutes les déterminations qu'on pourrait essayer de coller, comme des étiquettes, à la personne de Filliou, il est possible de répondre : « En un sens oui, en un autre sens non. » C'est exactement ce que nous découvrons dans la pratique.

Mon enfance a-t-elle été douloureuse ?

En un sens oui et en un sens pas du tout.

Pour tout être humain, il en est ainsi. Quelles que soient votre histoire ou votre enfance, la méditation fait découvrir un état d'être qui n'est pas entaché par ce que vous avez vécu. Nous étiquetons nos expériences et finissons par y croire et nous y enfermer. Nous serions comme ceci et comme cela. Or nous ne sommes jamais entièrement prisonniers de quoi que ce soit. Ainsi, dans le moment même où j'apprenais à faire face à la douleur réelle de mon enfance, je découvrais que je n'étais pas mon enfance.

Même celui qui est hanté en permanence par un traumatisme profond n'est pas ce traumatisme. Son être est plus vaste. Il n'est pas nécessaire de *s'identifier* à sa douleur, à ses sentiments amers de tristesse ou de honte.

Quel soulagement ! Nous pouvons découvrir une dimension d'être plus vaste que toute identité.

En ce sens, il importe de ne pas trop insister sur nos ombres pour garder mémoire de la lumière. Mais à l'inverse, affirmer que nous ne sommes pas limités par nos douleurs peut devenir un rêve et une fuite. Il faut trouver la juste mesure, l'équilibre approprié. C'est pourquoi la méditation est vraiment un art – une affaire de doigté.

LA MÉDITATION NOUS APPREND À PENSER DE FAÇON PLUS VASTE

Il y a bien sûr des moments où cela ne va pas. Nous sommes inquiets ou malheureux. Il est alors possible, en pratiquant, de voir plus clairement ce qui ne tourne pas rond. Ce qui grince.

Si nous avons ce courage, nous pouvons alors découvrir un espace plus vaste et plus ouvert. Nous pouvons apprendre à nous poser dans l'ici et maintenant.

Le chemin ne s'arrête cependant pas ici. En revenant au moment présent, sans la moindre attente et sans espoir, mais simplement avec l'attitude d'ouverture la plus résolue, nous apprenons peu à peu à avoir confiance dans les ressources qu'il recèle. Nous découvrons qu'il existe une forme de bonté possible dans tout « maintenant ». Et il nous est même possible de nous mettre à son service. De le célébrer.

Autrement dit, une fois que nous découvrons cette ouverture vivante, cette expérience de soulagement, nous prenons aussi conscience que nous lui sommes liés et qu'il est possible de lui être fidèle et de lui permettre de rayonner. En soulageant notre douleur, nous nous ouvrons au monde tout entier. Cela peut prendre les formes les plus diverses. Mais c'est toujours là l'étrange cadeau : un surcroît de joie vient de ce que nous parvenons à faire rayonner la fleur soudaine de la présence nue.

6

Aller à la source : je rencontre l'enseignement de Chögyam Trungpa

«Qu'est-ce que tu ferais si tu devais tout abandonner ?» me demanda Rinpoché Chögyam Trungpa Tulku dans le couloir en marbre étincelant, fixant ma valise noire toute bourrée d'art.

Allen Ginsberg

Jusqu'ici, j'ai raconté la manière dont la méditation s'était imposée à moi et comment je m'y suis peu à peu engagé. Après environ un an de pratique, j'ai voulu comprendre la manière dont on me l'enseignait. Il existe en effet des centaines d'approches qui ont toutes leur cohérence. Quelle était la spécificité de celle que j'avais adoptée ? Comment était-elle arrivée jusqu'à moi ? Pour cela, j'ai commencé à lire celui auprès de qui s'étaient formés ceux qui m'apprenaient à méditer : Chögyam Trungpa.

Chögyam Trungpa est un maître du bouddhisme tibétain (1940-1987). Dans les années 1960, il quitta le

Tibet pour l'Occident. Il s'installa d'abord en Angleterre, où il étudia à l'université d'Oxford, puis aux États-Unis. Il fut le grand pionnier de la transmission de la pratique méditative, convaincu que là résidait l'essentiel de ce qu'il avait reçu au Pays des neiges.

POURFENDRE LA RECHERCHE DU CONFORT

J'ai commencé par lire son livre le plus célèbre, *Pratique de la voie tibétaine*. Je suis sorti de sa lecture abasourdi. Page après page, j'avais l'impression d'être percé à jour. Il me semblait que chaque mot s'adressait directement à moi et me mettait à nu. Chögyam Trungpa faisait voler en éclats mes attitudes et stratégies habituelles pour libérer une dimension plus juste et authentique.

Je n'étais pas du tout en train de lire un livre de spiritualité, au sens courant du terme. Sa parole n'était en rien gentille ni apaisante. Elle était déconcertante. Elle ne ressemblait en rien à ce que je croyais être le bouddhisme : un mélange de folklore, de doctrine exotique centrée sur l'étrange notion de « réincarnation » et surtout de bons sentiments.

Le choc salutaire que je ressentais me fit penser en premier chef à Franz Kafka ou à Marcel Proust. Ces auteurs, comme Chögyam Trungpa, décrivent l'esprit humain en démasquant ses illusions, ses rêves et ses fausses croyances. Toutes les tricheries et tous les petits accommodements que nous faisons aussi bien avec notre propre cœur qu'avec la réalité y sont exposés et analysés finement.

Ce n'est certes pas une lecture facile, mais elle soulage profondément. Quelqu'un décrit enfin l'enfermement dont nous sentons tous l'emprise.

J'étais bien conscient que quelque chose ne tournait pas rond, que je souffrais sans que cette souffrance soit jamais vraiment reconnue et nommée. On m'invitait à faire comme si de rien n'était ou à chercher de vaines consolations. Là, quelqu'un enfin prenait la situation au sérieux et me montrait la manière précise dont je m'égarais. Kafka a raison, « un livre doit être comme une hache qui fend la mer gelée en nous ». Alors, il est à la fois poignant et source d'une véritable libération. *Pratique de la voie tibétaine* fut pour moi cette hache libératrice.

Le sens de la méditation s'éclairait beaucoup plus profondément à mesure que j'avançais dans ma lecture : il est difficile de méditer si l'on ne sent pas que quelque chose coince dans notre vie. Si nous voulons seulement avoir plus de sécurité, de plaisir, de possession, il est certain que la méditation ne va pas nous convenir. Il ne faut pas hésiter à demander que la méditation nous aide, nous transforme, nous permette de vivre plus authentiquement.

Je n'avais aucune capacité particulière quand j'ai commencé à pratiquer. Au contraire, méditer m'était difficile. Je n'étais vraiment pas doué. En revanche, j'avais un sentiment d'urgence. Je n'en pouvais plus. Je voulais faire la paix avec moi et retrouver un rapport au ciel plus ouvert. Je me rends compte à présent que c'était là le plus précieux des atouts.

L'INFINIE TENDRESSE DU CŒUR OUVERT

Après avoir achevé la lecture de ce premier livre, j'en commençai un second, *Shambhala – La voie sacrée du guerrier*. J'ai fait alors une expérience tout à fait différente. À chaque page, je sentais se déployer une douceur semblable à la clarté de la pleine lune dans la nuit.

Autant *Pratique de la voie tibétaine* m'avait déstabilisé, me donnant le sentiment que l'on avait retiré le sol sous mes pieds, autant celui-ci me baignait d'une lumière bienfaisante. Et j'avais alors sans cesse besoin de la retrouver. Elle dissolvait la dureté qui m'accablait – la mienne comme celle du monde.

Pendant des années, je l'ai relu avec le même souci d'y trouver un peu de réconfort.

LES DEUX VISAGES DE LA MÉDITATION

Si, à première vue, ces deux paroles – celle de *Pratique de la voie tibétaine* et *Shambhala – La voie sacrée du guerrier* – étaient aussi différentes, toutes deux visaient à pourfendre la médiocrité de mon existence. Toutes deux me montraient un chemin.

Il y avait là deux visages de l'enseignement de Chögyam Trungpa qui éclairent profondément le sens de la pratique de la méditation. Dans le premier, Chögyam Trungpa dénonce le *matérialisme spirituel*, c'est-à-dire l'utilisation de la méditation pour essayer d'atteindre un état de plus grand confort. Au lieu de consommer des produits industriels ou les dernières idées à la mode, on consomme des expériences pour se sentir mieux. Que l'on s'achète une nouvelle paire de chaussures ou un livre pour apprendre à méditer, cela ne change rien tant que n'est pas percée à jour la volonté de se sécuriser et d'éviter de se confronter réellement à ce que nous sommes – avec toutes nos limites et nos difficultés. Et en effet, nous méditons pour de bon quand nous n'avons plus aucune attente. Quand nous n'instrumentalisons pas la pratique. Quand nous nous y abandonnons. C'est tout simple : comment entrer en rapport avec le présent si nous sommes tendus et crispés sur un résultat futur ? Pour méditer, il faut accepter de faire ce geste décisif de confiance : entrer dans le moment présent tel qu'il est.

Dans la seconde approche, Chögyam Trungpa nous fait toucher la bonté de notre propre cœur. Et en effet, la méditation nous fait aussi découvrir qu'il y a en chaque situation, à chaque moment, un élément de bonté qui ne demande qu'à venir au jour et qu'il nous faut aussi reconnaître.

Ce qui me surprenait cependant, c'était la manière dont Chögyam Trungpa présentait cette bonté. Il ne nous demandait pas d'y croire, *il la montrait.* Il nous apprenait à la reconnaître dans notre pratique. De plus, il insistait sur le fait que loin d'être simplement plaisante, cette expérience peut nous émouvoir jusqu'au plus profond de notre être. Lorsque nous cessons de nous protéger avec la camisole de nos concepts et de nos peurs, nous sommes à nu, touchés, vulnérables. Nous découvrons alors combien notre cœur est tendre et vivant.

Si le premier enseignement me taillait en pièces, me faisant constater la manière dont je trichais si souvent, le second me touchait jusqu'aux larmes.

CHÖGYAM TRUNGPA, UN MAÎTRE SI PEU RELIGIEUX

Ces deux ouvrages m'ont fait une si profonde impression que j'ai décidé d'en savoir un peu plus sur leur auteur. Qui était-il ?

J'avais entendu parler de lui depuis le premier jour où je m'étais assis sur un coussin de méditation, mais j'avais été, jusqu'à ce que je le lise directement, gêné par l'enthousiasme avec lequel chacun parlait de lui. Je trouvais qu'il y avait là une sorte de culte de la personnalité bien infantile. Je préférais m'en tenir à la pratique. J'apprenais juste à méditer et interrogeais ceux que je rencontrais sur leur propre expérience. Le reste me semblait secondaire.

À présent, je comprends qu'il puisse exister une forme d'admiration intelligente. Il faut la distinguer de celle, aveugle, que l'on voue aux hommes puissants, qu'ils soient hommes de pouvoir, patrons, gourous ou maîtres à penser. Une telle admiration n'est pas fondée sur le fait d'être impressionné par quelqu'un dont nous estimons qu'il possède quelque chose que nous n'avons pas. Elle n'est pas non plus cette forme d'adulation que l'on voue aux stars et qui est d'autant plus féroce qu'on ne les connaît pas réellement.

La véritable admiration consiste à se réjouir de la manière dont le travail d'un aîné éclaire notre présent et nous aide à découvrir notre *propre* chemin. Chögyam Trungpa m'a ouvert la voie. Sans lui, je ne me serais jamais tourné vers la pratique de la méditation.

J'ai été très sensible au fait que Chögyam Trungpa, reconnu comme un maître de tout premier plan par tous les détenteurs des lignées du bouddhisme tibétain, le 16e karmapa, Sa Sainteté Dilgo Khyentsé ou le Dalaï-Lama, soit si peu religieux – il était beaucoup plus poète que prêtre ! Jamais il n'a cherché à dire aux gens ce qu'ils avaient à faire. Il ne condamnait pas tel ou tel comportement, ne disait pas, par exemple, que la contraception ou l'acte homosexuel étaient des péchés.

Dans ses livres, tout n'était qu'invitation à développer plus d'attention à ce que chacun traverse et à entrer ainsi plus avant dans le sérieux de sa propre existence. Il fut le premier à imaginer la transmission d'une méditation laïque, inventant pour ce faire une langue libre de tout jargon bouddhique.

CHÖGYAM TRUNGPA, UN POÈTE

Dire que Chögyam Trungpa fut plus poète que prêtre n'est pas une façon de parler : il s'engagea entièrement dans la voie de la poésie, non seulement par la composition de poèmes surprenants mais aussi à travers de nombreux arts. Il réalisa notamment une exposition très singulière au musée d'Art moderne de Los Angeles, contenant aussi bien des arrangements d'objets que des calligraphies… Il se consacra à la photographie et essaya de réaliser un film expérimental.

Il fut aussi l'ami des poètes américains les plus importants de sa génération, dont, au premier chef, le célèbre Allen Ginsberg. Il fonda une compagnie de théâtre et organisa au tout début des années 1970 une conférence de grande envergure rassemblant les plus grands metteurs en scène d'avant-garde.

Le phénomène est singulier. Verriez-vous aujourd'hui un maître bouddhiste lancer une conférence à Paris réunissant la fine fleur du théâtre français ? Ou organiser une exposition au musée d'Art moderne du Centre Pompidou ? Pour nous, l'art a sa place et la spiritualité une autre. Chögyam Trungpa les réunifia, montrant que la méditation n'a pas à être enfermée dans une enclave spirituelle. Elle parle droit au cœur de tout un chacun comme le font les grandes œuvres d'art qui, loin d'être le produit d'une activité commerciale ou esthétique, visent à éveiller l'esprit et le cœur des hommes.

Chögyam Trungpa a raconté le choc que fut pour lui la découverte de l'art moderne quand il arriva en Occident en 1967. Il y vit une expérience de liberté qui l'impressionna et l'inspira. Tout artiste véritable ne copie personne et ne se répète pas. Il doit inventer une œuvre unique. C'est chaque fois un risque extrême. Rimbaud ne réitère pas Baudelaire et Debussy ne reproduit pas Mozart. Tout artiste doit vivre en ne sachant jamais par avance ce qu'il va faire. Chögyam Trungpa a vécu toute son existence ainsi. Il n'a jamais répété deux fois le même enseignement.

Quel contraste avec les enseignements ou les livres des maîtres bouddhistes ! En général, ils disent tous à peu près la même chose : ils répètent une leçon. Comment pourrais-je avoir confiance dans le fait que leurs paroles reflètent vraiment leur expérience et leur cœur ? Ne se cachent-ils pas derrière une doctrine ?

Leur autorité impressionne et ils en jouent. Ils sont du côté de la sagesse, de l'éveil. Ils sont assis sur des trônes. On les approche avec un respect compassé.

Les textes de Chögyam Trungpaque que je lis me parlent d'une manière neuve qui m'interroge. Il ne me présente pas une doctrine à adopter mais éclaire mon existence. Il se joue de tous les rôles et parle avec son cœur. Sa parole est vivante et vraie.

L'UNITÉ DE L'HOMME ET DE L'ŒUVRE

Plus j'ai interrogé ceux qui l'ont connu, plus j'ai constaté que Chögyam Trungpa n'enseignait pas seulement ces deux visages de la méditation, mais qu'il les incarnait dans sa vie. D'un côté, il coupait court à toute trace d'hypocrisie et de mensonge. Il était connu pour être le maître des situations inconfortables. Il pouvait être très déstabilisant, vous déplaçant comme le fait la méditation ou son livre *Pratique de la voie tibétaine*.

Mais il était aussi incroyablement bienveillant et chaleureux – aimant. Parfois, rester en sa présence était bouleversant, tant il irradiait cette chaleur de la bienveillance aimante.

Si vous avez l'occasion de regarder une des vidéos où on le voit enseigner, vous découvrirez, vous aussi, ces deux aspects se manifester parfois à quelques secondes d'intervalle. Il vous réveille par son intelligence fulgurante et l'instant d'après, il est d'une nudité chaleureuse, tendre et désarmante.

Plus j'avance dans la pratique, plus je trouve que là résident les deux aspects les plus importants. Méditer nous permet de déplacer notre regard, de prendre une perspective plus ample. Et dans le même temps, la méditation nous invite à regagner une attitude de bonté et de bienveillance joyeuse.

7

Se confronter à sa confusion : embrasser les cinq mondes

Votre route, ce n'est pas à moi, mais à vous, à personne d'autre que vous de la parcourir,
À vous et à vous seul, d'y voyager !

C'est tout près, à votre portée,
Peut-être même étiez-vous dessus depuis votre naissance à votre insu,
Peut-être vous attend-elle partout sur l'eau ou sur la terre.

Walt Whitman, Chanson de moi-même

Jeune pratiquant, je n'avais pas un sou. Du coup, j'étais souvent malheureux de ne pas pouvoir participer à des séminaires qui me semblaient importants. Un de ceux qui m'intriguaient le plus était dénommé *Entrer dans la bienveillance en découvrant la pleine présence de l'espace.* Chögyam Trungpa l'avait établi pour fonder une nouvelle psychologie contemplative en se fondant pour ce faire sur des enseignements et des pratiques avancés (dénommés au sein du bouddhisme au Tibet, *vajrayana*, le véhicule de l'éveil indestructible).

Or un jour, au mois d'avril 1989, j'ai reçu un coup de fil. Un de ces séminaires était finalement organisé en Allemagne avec un psychiatre américain qui avait longuement étudié avec Chögyam Trungpa. Comme il restait quelques places, si je pouvais les aider en amont, je pourrais y participer gratuitement. Je n'en revenais pas. Comment avaient-ils eu connaissance de mon intense désir de m'y rendre ?

Chaque jour, nous prenions, dans des pièces de forme et de couleur spécifiques, une certaine posture. Au lieu de méditer sur la respiration, nous restions alors dans l'attention à la posture que nous gardions pendant environ une demi-heure, laissant advenir tout ce qui surgit. Cela intensifiait certains états émotionnels qui nous traversaient, souvent avec force.

Il serait bien trop difficile d'expliquer ici le détail de ces pratiques souvent complexes et parfois secrètes, aussi je veux juste raconter ce que j'en ai retenu, comment cette expérience m'a transformé et ce qu'elle révèle de la méditation. Car si ces pratiques sont singulières, ce qu'elles font apparaître est décisif et peut parler à chacun.

LES CINQ MONDES

Chögyam Trungpa a dessiné ces cinq pièces en établissant pour chacune une couleur spécifique. Il a construit des ouvertures différentes : bandes verticales, cercles, fenêtre rectangulaire où la lumière colorée peut passer. Chaque pièce est ainsi entièrement colorée – sans permettre aucun rapport avec le monde extérieur. Elles ont toutes la taille adaptée pour qu'une personne seule y prenne place. Une sorte d'étrange monade.

Je vais juste en décrire une. Dans la chambre jaune, une seule ouverture est ménagée au plafond, où un grand rond jaune laisse passer une lumière dorée. Il faut s'y allonger sur le dos, les bras ouverts et les jambes écartées, dans une posture de profonde ouverture. Ce « monde du jaune » correspond à un sentiment de plénitude. À cette expérience où enfin, rien ne manque.

Pratiquer dans cette posture, en restant simplement disponible à ce qui nous traverse sans nous y accrocher, intensifie notre rapport à ce monde – et cela prend, pour chacun, des visages très divers. La première fois que j'y suis entré, j'ai bien fait l'expérience d'une formidable richesse – mais une richesse qui m'était refusée ! Si bien que je me sentais dans un état de frustration intense. Le sentiment que j'avais souvent de manquer, de ne pas avoir assez de choses ou d'expériences vivantes, était comme exagéré par la pratique. C'était insoutenable !

Chacun, dans le groupe de pratiquants, faisait une expérience différence. Certains au contact de cette chaleur confiante devenaient profondément joyeux. D'autres se sentaient englués dans la nécessité de parler sans plus pouvoir s'arrêter. D'autres encore revivaient des souvenirs poignants de leur enfance. Certains, en revanche, s'ennuyaient dans ce qui leur semblait un monde leur étant bien trop étranger. Autrement dit, chacun faisait l'expérience de ce monde en fonction de son propre état d'être qui était comme reflété dans un miroir grossissant. Impossible d'y échapper !

MON STYLE D'EMPRISONNEMENT

Pour ma part, j'ai commencé à mieux comprendre nombre de mes réactions et comportements. Ainsi lors de ma première expérience de méditation au long cours, j'avais été frappé de voir la beauté du monde. Mais comme je l'ai évoqué, je sentais que, par le fait d'être tout le temps empli d'émotions et de pensées, d'être si souvent agité ou inquiet, je gâchais cette beauté. Et je m'en voulais. Si je n'avais pas été là, les choses auraient été libres d'être dans une véritable splendeur.

Lors de ce séminaire sur l'exploration des cinq couleurs, j'ai compris que je me trompais. Loin d'être un problème, j'étais simplement prisonnier de la confusion jaune. J'avais identifié la richesse comme extérieure à moi. Moi, je n'avais rien ! La beauté était dans le monde – mais non en moi qui la voyais ! Jusqu'à ce que l'enseignant du séminaire me le montre, je n'avais jamais eu l'impression d'être en lien profond avec la richesse, je ne sentais que le manque, la séparation et la pauvreté. J'éprouvais le fait que rien n'était assez suffisant, assez déployé et cela me frustrait beaucoup.

Je fus abasourdi de découvrir que la richesse était première et que mon sentiment d'en être éloigné était lié à mon besoin insistant qu'elle se manifeste. Je n'en étais séparé que parce que j'étais en lien avec elle ! Au lieu de lutter pour qu'elle apparaisse, il me fallait me détendre pour la retrouver.

Ce moment m'a permis de comprendre que méditer consiste à s'ouvrir pleinement à qui nous sommes et non à détruire une partie de soi. J'avais cru jusque-là qu'il me fallait me défaire de ce sentiment de pauvreté qui m'accablait et que j'avais identifié à une part négative de moi-même. N'était-ce pas pour cela que je voulais pratiquer ? Je me trompais. Il me fallait non me débarrasser de ce sentiment mais reconnaître qu'il provenait d'un désir de plénitude par l'aveuglement qui l'obscurcissait. La plénitude est première – mais en voulant la saisir, je la mettais à distance. Autrement dit, mon désir de plénitude était ce qui m'empêchait de la vivre !

Voilà pourquoi ce séminaire se nommait *Entrer dans la bienveillance*, car c'est seulement en découvrant le paysage réel de notre être que nous pouvons donner naissance à cette attitude.

L'ESPRIT RECONNU

La pratique de la méditation offre une formidable occasion d'explorer l'esprit humain. Souvent, nous vivons avec notre propre esprit comme s'il était un étranger. Un moment, il est désespéré, un autre il est enthousiaste, sans que nous sachions ni pourquoi ni comment. Nous ne savons pas pourquoi nous pensons telle chose, ni pourquoi nous ressentons telle autre. C'est comme si nous vivions avec un inconnu. Et nous avons peur, du coup, de nous relier à lui.

La méditation, si elle est prise comme la recherche d'un état de calme, ainsi qu'elle est bien trop souvent présentée, ne peut que nous égarer. Chaque fois que nous allons être traversés par le chagrin, la peur ou la colère, nous risquons de nous en vouloir et de chercher, même subtilement, à nous en débarrasser pour nous conformer à un modèle de sagesse. C'est une perspective étroite et fondée, en sa racine, sur la peur viscérale de nous-mêmes.

En vérité, méditer consiste à redevenir familier avec notre esprit et à mieux le comprendre. À pouvoir embrasser l'entièreté de notre être. À pouvoir y répondre.

Les pratiques auxquelles j'ai été confronté étaient en ce sens très éclairantes. Elles nous plongeaient dans le monde des émotions, en révélant leur cohérence et leur vérité. En nous apprenant à mieux comprendre la vérité à laquelle elles nous exposent.

SURMONTER LE CONFORMISME

Les textes traditionnels qui évoquent ces enseignements, acmé du bouddhisme au Tibet, expliquent que « nous devons nous libérer par la porte de la confusion ». La croyance que nous devrions combattre et détruire la confusion afin de nous libérer est fausse. La confusion est, en elle-même, la porte de la libération. Nous ne pouvons être autres que celui ou celle que nous sommes. Que cela nous plaise ou non, nous devons embrasser en nous la nuit obscure ainsi que les accidents de parcours.

Or un problème majeur de notre société, comme de notre psychologie, est le conformisme. En cherchant à nous ajuster à un modèle de vertus, nous ne nous permettons pas d'être qui nous sommes. C'est une profonde erreur.

Les vrais maîtres que j'ai connus prenaient le contre-pied de la bien-pensance. Ils provoquaient les étudiants à s'assumer et s'accepter, à faire des erreurs, à se manifester dans ce qu'ils étaient en propre.

Il est important d'apprendre à assumer sa singularité, non pas à y renoncer – que ce soit au nom d'un ordre moral, social ou spirituel. Vivre implique de prendre le risque d'être ce que nous sommes. La méditation nous y aide quand elle est une aventure, nous conduit à faire de nouvelles découvertes et rencontrer de nouveaux paysages.

POUR UNE AUTRE PSYCHOLOGIE

Une telle conception de la méditation remet en cause deux croyances qui structurent notre conception habituelle de la psychologie humaine. Au premier chef, croire que nous pourrions dominer notre propre esprit comme nous pouvons maîtriser un programme informatique et penser qu'une aide psychologique ou spirituelle doit nous permettre d'éliminer nos défauts et imperfections et de combler nos insuffisances.

Vouloir dominer nos émotions et nos pensées est une idée malheureuse. Certes nous sommes souvent contrariés, et même parfois furieux, de constater que nous agissons de manière illogique. Mais en vérité c'est ce rêve d'efficacité qui est illusoire et vain.

Vous avez dû constater que certaines crises, certains actes manqués, se révèlent justes et même salutaires quand nous les reconsidérons quelque temps plus tard. Le rêve d'une maîtrise totale de soi nous égare. Méditer consiste à explorer, découvrir et même aimer cette complexité de notre être – non à la nier.

La seconde croyance illusoire consiste à penser que notre esprit est constitué de qualités et de défauts. Nous estimons alors qu'il y a des travers en nous qu'il faudrait combattre pour trouver enfin le bonheur. C'est une perspective aussi erronée qu'agressive.

Lorsque vous aimez quelqu'un, vous constatez qu'en vérité ses défauts et ses qualités sont inséparables. Telle personne qui est parfois un peu trop tranchante manifeste par ailleurs une exigence remarquable. Ce sont les deux faces d'une même pièce. Il en est de même pour vous. N'essayez pas, par la méditation, d'enlever vos défauts, sans quoi vous allez tuer la vie en vous.

La méditation ne consiste pas à éliminer quoi que ce soit. Que votre nez vous gratte, que vous ayez mal au dos, que vous ayez trop de pensées, que vous soyez agressif, désespéré, impatient, endormi, frustré, déçu... l'important est d'entrer en rapport avec cette situation, sans la juger de façon positive ou négative.

Méditer ne consiste pas à entrer en guerre contre ce que nous n'aimons pas en nous pour atteindre une sorte de moi idéal. Méditer implique de cultiver un sens d'attention envers tout ce qui est, y compris nos ombres, pour libérer en elles la lumière qu'elles recèlent.

LA MÉDITATION EST UNE PROCLAMATION DE SANTÉ

Découvrir ce jeu de la sagesse et de la confusion de manière très directe a été pour moi un séisme. J'ai découvert que la colère, le fait d'être perdu, le chagrin ou le sentiment de pauvreté ne sont pas des fautes, mais des façons de perdre le contact avec la santé même de notre être.

Aujourd'hui encore, cette compréhension de la confusion est un appui décisif de mon existence et toutes les pratiques que j'ai pu faire ensuite ont éclairé plus avant cette découverte. La proclamation que la présence attentive peut nous transformer repose sur cette découverte surprenante que la confusion est une sorte d'égarement quant à qui nous sommes et que nous pouvons nous en libérer.

8

Le grand saut

Il ne faut jamais avoir peur d'aller trop loin car la vérité est au-delà.

Marcel Proust

LE SÉMINAIRE DE TROIS MOIS

Durant l'été 1990, j'ai participé à un séminaire de trois mois, dans le Colorado aux États-Unis. J'avais vingt-deux ans. Ce fut le moment majeur de ma formation.

Je pratiquais depuis un peu moins de deux ans quotidiennement. J'avais fait une retraite d'un mois. Mais cette fois, l'engagement était beaucoup plus important et l'intensité de ce que j'allais vivre sans commune mesure avec ce que j'avais jusqu'alors expérimenté. Ce fut le grand saut.

Chögyam Trungpa, dès son arrivée aux États-Unis au début des années 1970, avait souhaité organiser un séminaire, une sorte de rendez-vous durant lequel il pourrait faire une présentation complète du chemin et permettre à ceux qui le désiraient d'approfondir leur pratique. Il ne voulait pas que ses étudiants fassent une retraite de trois ans, comme il était d'usage au Tibet et dans quelques centres bouddhistes occidentaux et qu'ils quittent la société : c'est en gardant un travail, en fondant une famille, en se confrontant à divers défis que l'essentiel de la voie lui semblait, à notre époque, pouvoir être comprise. Mais des retraites et des séminaires devaient permettre à chacun, selon son rythme, d'avancer dans sa compréhension de la méditation tout en l'intégrant ensuite à son existence. Après quelques réflexions et tâtonnements, il avait décidé que ce séminaire, au cœur de son enseignement, durerait trois mois.

Il en anima un chaque année de 1973 à 1986, quelques mois avant sa mort. En adoptant chaque fois un nouveau regard, un autre parcours, il établit un socle incomparable de compréhension de la tradition bouddhique.

Lorsque j'y participai en 1990, c'était le deuxième séminaire qui se déroulait sans lui. Il était dirigé par ses anciens étudiants qui suivaient la vision qu'il leur avait transmise, si bien que j'ai vraiment eu le sentiment qu'il était encore là, que je recevais directement de son esprit une transmission précieuse.

DANS LES ROCHEUSES

Dans un premier temps, Chögyam Trungpa avait loué de grands hôtels à la basse saison. Puis il décida, en 1985, d'investir un terrain qu'un couple d'étudiants lui avait offert au début des années 1970 dans les montagnes Rocheuses. Aussi en 1990, le séminaire auquel je participais était le quatrième organisé dans ce lieu. Nous étions logés à près de 2500 mètres d'altitude. Pour un Parisien comme moi, ce fut un choc, car les températures étaient très hautes la journée et très fraîches la nuit. Il fallait aussi faire très attention au risque de déshydratation.

Nous dormions à deux dans des tentes en grosse toile kaki louées aux surplus militaires, aménagées avec de simples lits de camp. Par chance, la personne avec qui je logeais était un Américain venu avec une camionnette emplie de meubles, tapis, lampes et autres merveilles qui rendaient le lieu un peu moins austère.

Nous étions en pleine nature. Et comme la chasse était interdite depuis longtemps dans ce lieu, les animaux sauvages n'avaient pas tardé à s'aventurer, avec confiance, jusqu'à nous. Lorsque le soir tombait, après le repas, les biches et les cerfs descendaient des montagnes et venaient s'abreuver aux petits lacs qu'abritait la vallée. Une nuit, alors que je sortais de ma tente, j'ai même vu un coyote, sous le vaste ciel étoilé des montagnes.

Nous étions près de cinq cents personnes, mais tout était organisé avec une telle précision et une telle rigueur que l'on s'y sentait vraiment bien – dans un village entièrement dédié à la méditation. Au centre de la vallée se trouvait un immense chapiteau blanc où nous pratiquions tous ensemble. À une courte distance se trouvait la cuisine, l'un des seuls bâtiments construits en dur.

Les tentes d'habitation étaient regroupées par campements autour d'installations sanitaires collectives et rudimentaires. Pour me rendre de là où je résidais à la salle de méditation, il me fallait marcher dix minutes dans les sous-bois. Il pouvait nous arriver le soir de nous retrouver autour d'un feu de camp ou de partir pour de longues marches méditatives dans les montagnes alentour...

UN ENGAGEMENT DÉCISIF

Suivre un tel séminaire ne fut pas une mince affaire. Outre les difficultés pour trouver l'argent, pour faire comprendre à ma famille que je les quittais pour voler désormais de mes propres ailes, l'obstacle principal était que je ne parlais mal l'anglais. À l'école, j'avais détesté apprendre une langue étrangère. J'avais le sentiment de mentir en essayant de prendre un accent qui ne m'était pas familier. Au baccalauréat, j'avais eu

4 sur 20 en anglais ! Mais là, je n'avais plus le choix, il fallait m'y mettre si je voulais pouvoir avancer dans mon chemin.

Pour participer au séminaire, il fallait nous engager à suivre une année de préparation. C'était un travail soutenu. Nous devions étudier en détail les transcriptions des séminaires qu'avait dirigés Chögyam Trungpa durant treize années – et dont aucun n'était traduit.

C'est de cette façon que, peu à peu, j'ai appris l'anglais, lisant les séminaires, chapitre après chapitre, à l'aide de mon dictionnaire. J'avais tellement envie de pouvoir déchiffrer ces textes brûlants d'intelligence que j'étais porté par un vif allant.

Lorsque je suis arrivé au séminaire, je comprenais les enseignements qui y étaient dispensés, mais lorsque je me suis retrouvé le premier jour à devoir aider dans la cuisine, je fus perdu. Que « vacuité » se dise *emptiness*, très bien, mais comment dire : « évier », « fourchette », « radis » ou « épinard » ?

LA JONCTION DE L'ÉTUDE ET DE LA PRATIQUE

Le programme était découpé en trois sessions d'un mois dont chacune se composait de quinze jours de méditation où nous étions invités à pratiquer et à rester en silence toute la journée, puis de quinze jours d'enseignements intensifs où nous avions un grand nombre de cours. Nous y étudiions l'histoire de la tradition bouddhique, les grands principes qui structurent le chemin, les arts contemplatifs, le rapport entre la science occidentale et la méditation.

Chögyam Trungpa ne voulait pas séparer la pratique de la méditation de l'étude, qui jointes ensemble nous permettent de mieux comprendre notre propre esprit. Je découvrais que le bouddhisme, loin d'être une sorte de religion avec ses cultes et sa morale, ses croyances et ses prières, offrait une étonnante analyse de ma propre existence.

Moi qui à l'école avais été un élève médiocre, je me passionnais pour les cours qui nous étaient donnés – ils me parlaient enfin de la façon de mieux vivre, ici et maintenant, pour de bon.

LA STRUCTURE DES TROIS MOIS

Chaque mois était consacré à un aspect spécifique de l'enseignement. Le premier mois, nous avons étudié la capacité à revenir au présent, moment après moment, grâce à la nature même de l'attention. Celle-ci, d'une richesse inattendue, est décrite par la tradition selon quatre modes que nous convoquons lorsque nous méditons : l'attention au corps, à la vie qui nous habite, à un effort non crispé qui se déploie peu à peu de lui-même et enfin aux diverses modalités de l'esprit. Se familiariser avec chacun d'eux permet d'approfondir son assise.

Mais la pratique, découvrions-nous, ne nous permet pas seulement d'être plus présents, elle doit aussi nous conduire à nous poser plus profondément dans notre propre existence. Pour ce faire, il importe de donner naissance à une *conduite* qui vise à maintenir notre présence au quotidien – tel est le sens de l'éthique. Elle se déploie ensuite comme cet accueil profond, un *recueillement* qui nous permet d'habiter notre propre vie. Elle donne enfin naissance à un *discernement* qui permet de regarder les situations avec précision – sans être prisonniers de l'espoir et de la peur, et des idées toutes faites.

La tradition a pensé la méditation selon cette triple articulation – conduite, recueillement et discernement – que nous avons explorée en détail pendant le premier mois. Nous avons ainsi célébré notre capacité à être présents dans chaque détail de notre vie, à la manière dont nous pensons, parlons et agissons.

Le deuxième mois, nous avons étudié la manière dont la pratique permet de toucher une réalité plus ample où nous sommes par avance reliés à tous les êtres.

Il pourrait en effet y avoir un danger d'arrêter le chemin à la première étape et de présenter la pratique de la méditation comme le fait de cultiver l'attention : en faire une sorte de travail athlétique. Une telle attitude reposerait sur un manque de confiance dans notre capacité à être présent. Il nous faudrait nous surveiller en permanence et nous imposer des exercices – qui pourraient finir par ressembler à une forme de gymnastique mentale. Or le sens du chemin consiste à faire confiance dans la capacité qui nous est propre d'être pleinement là.

Cette confiance se déploie à mesure que nous découvrons et acceptons l'idée qu'il est impossible de trouver des points de repère solides et en particulier des points de référence autocentrés. Il nous faut nous abandonner.

L'approche ainsi développée ne niait en rien ce que nous avions étudié auparavant mais prenait au contraire appui dessus. C'est parce que nous avons un solide point d'ancrage dans la méditation et la capacité à revenir au présent que nous pouvons nous ouvrir plus avant et accepter ainsi d'être plus sensibles à la souffrance des autres. Nous découvrons alors que l'empathie est cette capacité toute naturelle d'entrer en résonance et en affinité avec les autres. Elle se déploie non comme un geste moral de miséricorde, mais à partir de notre capacité à habiter la présence attentive.

Pratiquant ainsi, j'ai fait peu à peu l'expérience que j'étais bien plus profondément uni aux autres que j'aurais pu le penser. Il me fallait non pas apprendre à être plus chaleureux et bienveillant mais, en revenant au présent, découvrir une forme de tendresse primordiale et de bonté d'être. La méditation ne consiste pas seulement à travailler avec soi pour trouver un sens de paix, mais à retrouver ce lien profond qui nous unit au monde. J'ai trouvé ces enseignements particulièrement exaltants.

Le dernier mois, nous avons étudié la manière dont la pratique peut aussi nous exposer à l'incandescence du réel. Je retrouvai l'intuition de Rimbaud : « Le Poète se fait voyant par un long, immense et raisonné dérèglement de tous les sens. Toutes les formes d'amour, de souffrance, de folie ; il cherche lui-même, il épuise en lui tous les poisons, pour n'en garder que les quintessences. »

Notre esprit est vaste et profond comme le ciel, mais des obscurcissements divers nous empêchent de nous en rendre compte. Nous avons parfois des aperçus de cette liberté naturelle de notre esprit. En faire l'épreuve, même furtivement, change le sens du chemin tout entier. Il ne s'agit plus seulement d'apprendre à être plus attentif, à être plus ancré dans l'ici et maintenant, ni même à être héroïque afin d'ouvrir notre cœur, mais il nous faut entrer, sans *a priori*, en relation avec toute situation. Alors, quelle qu'elle soit, plaisante ou non, bleue, jaune ou rouge, elle est. Elle recèle même un possible qu'il faut laisser se libérer.

La méditation peut alors ne plus être conçue comme un rempart contre l'obscurité qui existe en nous et dans le monde, mais comme une manière de transmuter le poison en nectar. Les textes traditionnels évoquent le paon qui, dit-on, mange des baies empoisonnées qui lui permettent de colorer ses sublimes plumes. Nous devrions faire comme lui, un geste de profonde non-violence et d'absence de peur.

J'ai compris alors que la première fois où je m'étais assis sur un coussin, si je n'avais pas fait l'expérience d'une forme d'apaisement, j'avais bien plus décisivement eu un aperçu de la vérité de mon être – ou mieux encore un aperçu de l'ouverture initiale.

On me montrait comment la méditation prend son sens le plus plein lorsqu'on abandonne la conscience de soi, laissant émerger une « intelligence ouverte et panoramique ». Il ne s'agit plus alors de faire un effort pour être attentif, cette expérience de présence vient à vous – et seulement ensuite il est ou non possible de l'apprécier.

L'ancrage dans la tradition, le sceau de la lignée, révèle que cette expérience toute simple que j'avais éprouvée, et que je faisais parfois, n'était pas un rêve, n'était pas seulement mienne, mais était l'advenue en moi d'une dimension plus vaste que moi.

Voici en quelques lignes le mouvement de ces trois mois d'enseignements. Présenter ainsi ce que j'ai reçu est pour le moins sommaire. Mon dessein ici n'est pas que chacun comprenne la complexité de cet enseignement – qui demanderait un tout autre travail –, mais que puisse être entrevu le sens du chemin tel qu'il me fut exposé.

L'UNITÉ D'UN MONDE POÉTIQUE

Si je me replonge dans cette période, je me rends compte que je n'ai pas seulement approfondi ma pratique, découvert la richesse d'une pensée qui s'appuie sur la pratique de la méditation, mais j'ai aussi découvert un sens neuf de communauté – qui ne soit ni une somme d'individualités, ni une sorte de fusion collective qui impose à chacun de ses membres de perdre sa liberté au nom d'un prétendu idéal commun. Cette communauté était configurée poétiquement ; j'avais le sentiment d'être inclus dans un monde.

Qu'entends-je donc par là ? Pour comprendre le sens du mot « monde », il faut l'entendre comme un adjectif, le strict contraire d'immonde. Est monde ce qui est beau et harmonieux. Ce n'est pas un hasard si *cosmos*, le mot grec pour dire monde, a donné le mot *cosmétique*, qui signifie la parure permettant à ce qui est de se manifester dans sa plénitude. Il y a monde quand toutes choses sont accueillies et mises ensemble dans une conjointure de rapports.

La plupart du temps, pour nous, les choses sont sans rapport. Et nous n'y sommes pas accueillis.

Ce séminaire était loin d'être parfait. Je ne veux pas ici construire un rêve. Je me suis souvent senti très seul pendant ces trois mois. J'ai vu aussi de nombreuses choses qui m'ont déplu. Cependant, j'ai fait l'épreuve pour la première fois de ma vie d'un environnement dédié à favoriser ce qui était sain en chacun de nous. La méditation et l'étude ne nous apprenaient pas seulement à travailler sur nous, à ouvrir notre cœur, mais nous en voyions les conséquences « politiques » – au sens de ce qui nous permet d'être les uns et les autres *ensemble*.

J'ai parfois eu l'impression de n'être pas dans une quelconque vallée des États-Unis, mais dans un Royaume, comme ceux que mon grand-père faisait surgir quand il me lisait des contes hassidiques.

Avoir fait l'épreuve de cette dimension d'une société humaine où il est possible d'être ensemble pour de bon m'a beaucoup éclairé sur le sens de la méditation. Il n'est pas possible de transmettre la méditation sans établir un monde poétique, car sinon elle devient une sorte d'exercice technique. Je crois qu'aujourd'hui, où nous sommes si isolés dans notre forteresse intérieure, la méditation ne prend son plein sens que pour autant qu'elle est présentée au sein d'un environnement où elle peut pleinement rayonner et trouver figure. Autrement dit, l'expérience d'ouverture, de chaleur et de clarté de la méditation doit devenir tangible au point de faire monde.

9

Entrer dans l'immensité de la compassion

C'est le secret profond que nul ne connaît
C'est la racine de la racine, le bourgeon du bourgeon
Et le ciel du ciel d'un arbre appelé vie
Qui croît plus haut que l'âme ne saurait espérer ou l'esprit le cacher
C'est la merveille qui maintient les étoiles éparses.

Je porte ton cœur, je le porte dans mon cœur.

E.E. Cummings

UNE DOUBLE MÉFIANCE

Quand j'ai décidé de suivre ce séminaire de trois mois, deux choses m'inquiétaient. Si la méditation me semblait un chemin réel et concret, je ne souhaitais, comme je l'ai déjà dit, ni embrasser une religion, ni adopter une nouvelle identité. Certes, j'avais découvert la manière dont le bouddhisme éclaire avec une grande finesse la pratique de la méditation, mais je ne voulais pas m'engager dans une religion, avec ses vérités indiscutables auxquelles il faut adhérer, sa hiérarchie si peu en rapport avec le mérite réel de ses membres, sa morale aux règles de comportement bien trop souvent arbitraires. Vivre sans points de repère solides et intangibles me semblait une situation particulièrement saine – et j'aime, pour cette raison, notre temps qui nous y invite.

Mon autre motif d'inquiétude résidait dans la tendance propre à tout groupe humain de limiter la liberté de ses membres. Tendance d'autant plus redoutable que les hommes, pour s'agglomérer à une communauté, acceptent facilement de croire ce qu'on leur dit – au lieu de se fier à leur propre intelligence. J'avais été un enfant bien trop singulier et solitaire, souffrant de la violence des groupes et des normes qu'ils imposent, pour ne pas être particulièrement méfiant sur cette question. J'en avais fait l'expérience à l'université en voyant le fonctionnement des assemblées générales pendant les manifestations auxquelles j'avais participé. Je ne voulais pas de cette « servitude volontaire ».

Je comprenais bien la nécessité qu'il peut y avoir à suivre une discipline stricte, à devoir se dépouiller de nombre d'idées et de goûts personnels pour avancer sur le chemin, mais en aucun cas pour entrer dans le conformisme et dans cette peur qui nous fait renoncer à l'essentiel – et où domine l'instinct grégaire.

J'étais prêt à marcher dans les pas du Bouddha, à suivre son exemple, à m'appuyer sur ses enseignements et sur ceux qui m'en montraient la pertinence – mais je ne voulais pas « devenir bouddhiste ». Je ne voulais pas d'une « identité » qui irait à l'encontre de ce que j'avais découvert et qui me passionnait. Du reste, aujourd'hui encore, lorsqu'on me demande « Êtes-vous bouddhiste ? » je ne sais que répondre. Cette notion est récente et d'invention occidentale. Le terme ne se trouve dans aucune des langues asiatiques, qui ne pensent pas l'entrée sur la voie comme l'adoption d'une identité fixe. Le Bouddha n'a cessé d'inviter non à le suivre, mais à emprunter le chemin qu'il dessinait et à examiner ses propos à travers l'expérience directe de la méditation.

TROUVER SECOURS DANS L'INTANGIBLE

S'il ne fait donc pas vraiment sens de devenir bouddhiste – au sens d'adopter une nouvelle identité –, il est cependant possible de s'engager dans l'espace de la méditation. En Orient, ce mouvement est désigné comme l'*entrée* dans la voie, c'est-à-dire s'abriter dans l'ouverture que déploie la pratique – et à renoncer par là à tous les pseudo-refuges auxquels nous nous abandonnons si souvent. Car, en effet, quotidiennement, nous nous réfugions dans des projets étroits : la recherche de biens matériels, de plaisirs évanescents, de pouvoirs… Étonnante proposition : et si vous *trouviez secours* dans l'ouverture même dont la vie du Bouddha témoigne, que son enseignement évoque et que les pratiquants qui le suivent depuis des siècles incarnent ?

Le faire de manière formelle fut pour moi une occasion de prendre acte d'un des aspects décisifs de la méditation : la recherche de la sécurité est vaine et ne fait que nous torturer. Autant assumer que, pour l'être humain, il n'y a pas et il n'y aura jamais de stabilité complète ni de demeure fixe. Le refuser, c'est se crisper et souffrir, le reconnaître permet de découvrir une forme d'apaisement.

PROCLAMER NOTRE ASPIRATION À ÊTRE COMPATISSANT

Lors du deuxième mois de séminaire nous fut donnée la possibilité de prendre le vœu de ne pas pratiquer la méditation pour notre seul bénéfice mais en ayant le souci qu'elle aide tous les autres[1].

La chose est implacable. Si la méditation consiste à revenir au présent vivant, à habiter dans l'espace ouvert, cette ouverture ne peut pas être « nôtre », elle

1. Ce qui dans la tradition bouddhiste se nomme le « vœu de *bodhisattva* », terme sanscrit qui signifie : le héros pour l'éveil, l'être qui s'engage dans la compassion et se dédie au bien de tous les êtres.

ne peut qu'être généreusement un espace qui accommode tous les êtres.

En voici une formulation possible : « À partir de maintenant, et jusqu'à ce que je sois devenu un être pleinement ouvert, je développerai une attitude dédiée à l'insurpassable, parfait et grand éveil de sorte que les êtres qui n'ont pas encore traversé le fleuve de la souffrance puissent le faire, que ceux qui n'ont pas encore été délivrés de toutes les formes d'emprisonnement physique, psychologique et spirituel puissent l'être, que ceux qui n'ont pas encore trouvé le soulagement puissent le trouver, et que ceux qui n'ont pas encore atteint l'éveil insurpassable de la grande bonté puissent l'atteindre. »

Une autre formulation de cette aspiration se trouve chez Shantidéva, un auteur indien du VIIIe siècle :

Puissé-je être pour tous les êtres celui qui calme la douleur !

Puissé-je être pour les malades le remède, le médecin, l'infirmier, jusqu'à la disparition de la maladie ! Pùissé-je calmer par des pluies de nourriture et de breuvages le supplice de la faim et de la soif, et pendant les famines… devenir moi-même breuvage et nourriture !

Puissé-je être pour les pauvres un trésor inépuisable, être prêt à leur rendre tous les services qu'ils désirent ! (…)

Puissé-je être le protecteur des abandonnés, le guide de ceux qui cheminent, et, pour ceux qui désirent l'autre rive, être la barque, la chaussée, le pont; être la lampe de ceux qui ont besoin de lampe, le lit de ceux qui ont besoin de lit, le serviteur de ceux qui ont besoin de serviteur; être la Pierre de miracle, l'Urne d'abondance, la Formule magique, la Plante qui guérit, l'Arbre qui réalise les souhaits, la Génisse qui exauce les désirs[1] *!*

Ce vœu renverse nombre de nos conceptions. En voici cinq qui me semblent importantes et que j'ai peu à peu découvertes.

Écouter quelle est notre aspiration la plus profonde

En général, nous prenons toutes sortes d'engagements envers nous-même, sans certes les formuler très clairement : être cool en toutes circonstances, gagner de l'argent, acheter une maison et être enfin tranquille jusqu'à la fin de nos jours, se venger de cette personne qui est responsable de nos tourments, avoir une aventure avec untel… Mais au fond, est-ce vraiment cela que nous souhaitons ? Quel est l'engagement le plus juste que nous souhaitons prendre ? Nous n'y pensons pas assez, or c'est pourtant là une question essentielle : quelle est notre aspiration la plus profonde ?

1. *La Marche à la lumière*, III, 6, 21, traduction Louis Finot, Paris, Les Deux Océans, 1987.

C'est ainsi que l'ambition que notre vie puisse être bénéfique à tous les êtres cesse d'être une idée abstraite ou absurde.

Ne pas faire de notre aspiration un projet de plus

Il faut être hardi pour prendre le vœu de travailler sans relâche jusqu'à ce qu'aucun être ne souffre plus sur cette terre. Il suffit d'ouvrir les yeux pour comprendre l'impossibilité de la tâche. Comment ne pas se décourager et abandonner notre effort ?

Le point décisif ici *est* de ne pas comprendre cette aspiration à partir d'un projet, qui doive être mesuré à l'aune de son efficacité. Cet engagement témoigne d'un autre ordre que celui du calcul : dois-je donner droit à cette ouverture qui me relie d'avance au monde et aux autres ? Il y a un élan chez la plupart des êtres humains à essayer de faire quelque chose de bien de leur vie. Pourquoi ne pas le reconnaître et lui donner droit ?

Nous savons comme il est bon d'aimer amplement, en ayant l'aspiration que notre amour guérisse souffrance, douleur, ou frustration partout où cela est nécessaire.

Et en vérité, la joie de nous engager pour le bien des autres ne vient pas du souci de recevoir quelque chose en échange, une récompense, mais du simple bonheur de pouvoir nous ouvrir et de donner sans restriction.

Surmonter notre timidité, garder l'enthousiasme

Pour oser affirmer une telle espérance, il faut surmonter notre timidité et accepter que nous ayons une responsabilité devant le monde. Ce n'est pas toujours évident. Notre temps invite plutôt au renoncement, à ne pas se mettre en avant, à faire profil bas. Notre temps déteste l'idée même d'espérance et ne sait pas la distinguer de l'espoir.

Je me souviens que, lorsque me fut proposé de prendre ce vœu, j'étais certes impressionné, mais aussi très enthousiaste. À vingt-deux ans, j'avais envie de faire de grandes choses, d'aider le monde. Je voulais m'engager. J'étais consterné de voir tant d'adultes renoncer à toute grandeur au point de devenir enragés de leur propre médiocrité. Ce fut une grande joie de découvrir une communauté de gens qui n'avaient pas renoncé à cet idéal, qui ne voulaient pas se concentrer uniquement sur leur compte en banque ou leurs relations amoureuses. Qui ne s'étaient pas découragés.

Être libéré de la norme sociale sans abandonner la norme sociale

Prendre le vœu de la grande compassion implique un autre aspect moins évident à percevoir au premier abord : donner droit aux talents que nous avons. En effet, que ce soit par notre métier ou nos divers engagements, nous avons tous à cœur d'apporter, à partir de ce que nous sommes et de ce que nous savons faire, une réelle contribution. Mais souvent, avec les difficultés de l'existence, nous avons oublié cette aspiration initiale ou nous y avons simplement renoncé. Il nous semblerait prétentieux d'y penser.

Or, que nous soyons informaticiens, maraîchers, chef d'entreprises, médecins, responsables de la communication, enseignants, éditeurs, banquiers, notre travail peut avoir un sens. Il peut œuvrer pour le meilleur. Partout des gens ont besoin de nous. Il est juste de chercher à agir à partir de ce qui nous intéresse. Et si ce n'est pas entièrement dans le cadre de notre travail, cela peut l'être en dehors.

Il importe seulement de ne pas penser en termes quantitatifs. De son vivant, Cézanne qui a changé le sort de toute l'histoire de la peinture était inconnu, et son ami d'enfance Zola se moquait même de son malheureux confrère en lequel il ne voyait qu'un raté. Mais Cézanne a fait son travail, solitaire. Depuis lors, des millions de gens se sont lavés les yeux à son contact et ont retrouvé dans son œuvre un motif de joie !

Jules Gravereaux, né en 1844, est entré en apprentissage chez un bonnetier de la rue du Bac avant de travailler au Bon Marché. À la mort de son propriétaire, le magasin devenant association coopérative, il a acheté des parts et, grâce à cela, il s'enrichit fortement. En 1888, alors qu'il n'a que quarante-quatre ans, il prend sa retraite. Passionné par les roses, il se met à les collectionner et en cherche de nouvelles variétés dans de nombreux endroits du monde. En 1899, il contacte le fameux paysagiste Édouard André et ensemble, ils réalisent le premier jardin entièrement dédié à cette fleur. À première vue, il ne s'agit là que d'une passion tout à fait anecdotique. Or Jules Gravereaux sauvegarde ainsi des milliers de variétés de roses, qui, sans lui, auraient aujourd'hui disparu. Il en invente de nouvelles qui vont jouer un rôle important dans l'industrie. Et surtout, son jardin si singulier connaît un si grand impact qu'en 1914, la ville de L'Haÿ prend le nom de L'Haÿ-les-Roses et de nombreux pays inspirés par son exemple créent à leur tour des roseraies. En un sens profond, être compatissant, c'est simplement faire ce qui nous appelle et nous inspire, sans être l'esclave de l'effet produit.

Si votre aspiration consiste à retraduire les textes d'Aristote en les libérant de la gangue scolastique qui ne permet plus d'entendre le grec en eux – même si très rares sont ceux qui s'intéressent à un tel travail de pointe, ne renoncez pas. Reconnaissez même que vous faites cela parce qu'il vous semble que là, vous pouvez apporter une contribution décisive pour l'humanité.

Il est important d'être fier de ce que nous faisons. Ce n'est pas là une question d'ego, comme on dit péjorativement, mais au contraire une possibilité de rendre à nos actions leur vraie mesure.

Vous faites de la peinture. Au lieu de penser que vous vous faites plaisir, pensez que votre travail vise à ouvrir un rapport à la beauté.

Vous soignez des gens, pensez que chaque personne avec laquelle vous entrez en relation est l'humanité tout entière.

Il faut faire encore un pas pour donner à cette perspective son sens plein. Il est possible d'avoir un regard qui prenne en compte la société tout entière, sans croire pour autant que l'ordre social soit la mesure réelle de nos actions. Il n'est pas décisif en vérité que nos efforts soient reconnus et appréciés. Il nous faut être libres par rapport aux normes sociales qui ne sont jamais à même d'établir la mesure de quoi que ce soit. C'est en cela que réside la compassion qui pousse à ne jamais abandonner quiconque, à ne jamais désespérer d'une situation et à ne jamais fuir ses responsabilités – sans pour cela attendre de reconnaissance ou de remerciement. Autrement dit, il importe de n'être jamais prisonnier de la norme sociale sans pour autant la rejeter. Personne n'a raison tout seul, mais personne n'a raison parce que tout le monde est d'accord avec lui. La vérité n'est pas liée à ces points de repère. Comprendre cela a été un immense soulagement et m'a donné une grande liberté.

Ne plus être gêné de travailler avec la confusion

Ce vœu entraîne un autre changement de perspective : ne plus considérer la souffrance et la confusion comme des menaces ou des obstacles dont il faudrait se délivrer. Puisque vous avez pris le vœu d'œuvrer au bien de tous les êtres jusqu'à les libérer de la souffrance, vous ne pouvez pas vous décourager parce que vous vous sentez mal, que vous rencontrez des difficultés ou parce que quelqu'un ne comprend pas ce que vous faites, vous fait du tort ou vous ignore. Il y a toujours de nouvelles ressources auxquelles nous pouvons donner naissance.

Surmonter la compassion idiote

Dernière découverte que j'ai pu faire : cette vision de la grande compassion ne consiste pas à être gentil mais à être juste. Chögyam Trungpa a toujours dénoncé ce qu'il nomme le risque de la « compassion idiote » qui règne si lourdement partout qu'elle rend presque inaudible le sens réel de la compassion.

La véritable compassion ne consiste pas à être gentil mais à être vraiment aidant. Elle n'a donc pas peur d'être inconfortable, voire de heurter. Si un enfant est sur le point de se blesser, la compassion implique de l'en empêcher, même si cela ne lui plaît pas et suscite sa colère.

Ma grand-mère se présentait toujours comme généreuse et aimante. Mais quand elle me disait combien elle m'aimait, je savais qu'elle s'apprêtait à me demander quelque chose. Son prétendu amour lui donnait le droit d'exiger que je fasse ce qu'elle voulait et était une manière de me manipuler. Cela n'a rien de véritablement aimant. Il ne faut pas confondre les mots et la réalité.

LA CÉRÉMONIE

Ce vœu de cesser de construire des digues et de refuser ce lien qui nous rassemble aux autres, je l'ai pris à la fin de la visite de Thrangu Rinpoché au séminaire. Il était l'un des principaux maîtres de la lignée *kagyü* du bouddhisme tibétain.

Nous nous sommes présentés tour à tour devant Thrangu Rinpoché. Je lui ai fait un don, symbolisant la reconnaissance de mon aspiration à abandonner tout attachement, peur et esprit de mesquinerie. J'ai prononcé à voix haute mon aspiration.

En retour, j'ai alors reçu un nom : « Compassion Complètement Pure » qui, comme tous les noms donnés, désigne une qualité que vous avez ou que vous pourriez cultiver. C'est un point important : la pratique de la méditation ne consiste pas à devenir quelqu'un d'autre, mais simplement qui nous sommes. On entre souvent sur le chemin, mû par la volonté de se réformer, de s'améliorer, d'être meilleur et l'on découvre avec stupeur qu'au contraire, il faut s'ouvrir à ce que l'on est. Le vœu comme le nom nous aident dans ce chemin.

THRANGU RINPOCHÉ, INCARNATION DE LA GRANDE COMPASSION

Thrangu Rinpoché avait été proche de Chögyam Trungpa depuis son enfance au Tibet. Ils avaient étudié avec les mêmes maîtres, et cependant, ils étaient très différents : autant Trungpa était génial et flamboyant autant Thrangu était sobre et mesuré. À son arrivée, je dois avouer que je l'ai trouvé ennuyeux. Durant son enseignement, il parlait tibétain pendant des heures pour présenter ce qui me semblait une doctrine formelle, structurée en catégories scolastiques, voire scolaires... Même la compassion dans sa bouche semblait austère. Je regrettais Chögyam Trungpa et son enseignement si libre, direct et poétique !

Aussi je fus surpris, le jour de son départ, d'être submergé par un intense chagrin. Je n'arrivais plus à me lever de mon lit. La vallée des montagnes Rocheuses me semblait, sans lui, vide, totalement vide, morte même. J'avais l'impression qu'on m'avait enlevé mon propre cœur. Je n'avais pas pris la mesure de ce qui s'était transmis par sa présence, de l'importance de la cérémonie qu'il avait dirigée. Ce n'est qu'après son départ que j'ai senti combien sa bonté emplissait l'espace du séminaire.

Par l'ouverture de son cœur, Thrangu Rinpoché incarnait l'idéal de la grande compassion et c'est d'abord par là qu'il enseignait, bien plus que par le contenu de ses propos.

10

Les arts méditatifs : entrer dans la dimension sacrée et surmonter la peur

Si vous prenez un bol de thé vert entre vos mains et le buvez, vous sentirez que vous ne faites plus qu'un avec la nature, et là se trouve la paix. Si vous offrez un bol de thé à quelqu'un, vous pourrez répandre cette paix.

Soshitsu Sen

La méditation n'est pas une activité à part, séparée du reste de l'existence. Si parfois nous restons assis sur notre coussin, si nous partons faire une retraite, c'est pour découvrir plus avant le sens de la présence et de la générosité que nous pouvons déployer à chaque moment de notre vie.

Dans ce dessein, les pays qui ont cultivé la pratique méditative ont élaboré de multiples manières de la lier aux diverses activités quotidiennes. Nous connaissons surtout les exemples de la Chine et du Japon qui ont établi des centaines de voies tout aussi bien dans les arts martiaux que dans les arts « poétiques » – faisant ainsi que toutes actions et tous engagements deviennent méditatifs.

APPRENDRE UNE DISCIPLINE

Le couple d'Américains qui m'avaient reçu chez eux pour m'apprendre à méditer m'ont très vite parlé de l'art floral japonais (ou *ikebana*) et du tir à l'arc (ou *kyudo*) qu'ils avaient eux-mêmes étudiés et qu'ils considéraient comme deux voies d'exception.

J'étais étonné. Pourquoi mettaient-ils ensemble le tir à l'arc et l'art floral ? La première voie semble relever de « l'art », la seconde d'un « sport », et j'identifiais la première à une discipline féminine tandis que la seconde me semblait plus masculine.

Au Japon, ces voies sont toutes liées à la formation du samouraï avec l'art de la cérémonie du thé ou du *haïku* – ces courts poèmes de trois vers. Cet ensemble constituait le socle de l'éducation du chevalier. Nous sommes surpris parce que, pour nous, l'éducation consiste à assimiler des informations et des savoir-faire comme le calcul d'équations ou la rédaction d'une dissertation. Les arts qui en Occident leur ressemblent – comme l'art équestre, l'escrime, la musique ou la danse – nous semblent aujourd'hui accessoires. Au Japon, ils sont restés des disciplines vivantes et spirituelles très longtemps.

L'art floral et la voie de l'arc ont en commun d'être l'apprentissage chevaleresque d'une conduite juste. Or tel est bien le sens premier de la méditation : apprendre une forme très simple qui nous permette d'être plus amplement présents et par là, humains. Méditant, nous nous tenons assis, immobiles. Nous sommes présents à notre corps et à notre respiration. Chaque fois que nous partons dans nos pensées, que nous cessons d'être ici et maintenant, nous revenons avec douceur à la situation réelle et concrète.

DES FLEURS EN ORDRE

J'ai d'abord commencé à étudier et à pratiquer l'art floral japonais, connu sous le nom d'*ikebana* ou *kado,* la voie des fleurs. Chaque semaine, je me retrouvais au milieu d'un petit groupe de sept ou huit personnes, seul jeune homme parmi des femmes qui avaient toutes au moins la cinquantaine. L'enseignante, Mme Hozono, était une Japonaise extraordinaire qui ne parlait quasiment pas un mot de français.

Elle nous apportait au début du cours, sur de longues tables étroites, les branches et les fleurs qu'elle appelait « les matériaux ». Puis nous commencions le cours en récitant un texte du fondateur de la petite école à laquelle elle appartenait. Nous commencions par lire un poème en japonais, translittéré, puis une sorte de credo de quelques lignes dont celle-ci : *L'ikebana est un art que chacun, à tout moment et partout, peut pratiquer en utilisant n'importe quelle fleur.*

Puis venait le moment de faire notre arrangement. Ce travail nous prenait une bonne heure. Mme Hozono passait dans les rangs, expliquait à l'une ou à l'autre comment faire. Une fois l'arrangement achevé, elle venait l'ajuster.

J'aimais sa manière toute japonaise et courtoise de me dire « Oh, c'est très bien ! Puis-je juste changer quelque chose ? » et elle refaisait souvent l'arrangement tout entier... Parfois cependant, en déplaçant juste un élément, tout apparaissait complètement neuf, libre et ouvert. Chacune de ses interventions était juste. Chaque fois qu'elle le modifiait, mon bouquet était plus simple et du coup plus harmonieux. C'était magnifique à voir !

J'ai suivi ses cours avec bonheur pendant six ou sept ans. Puis, Mme Hozono est repartie au Japon. Je n'ai jamais réussi à trouver un autre professeur. Quand par exemple son successeur déplaçait une des branches de mon arrangement, je trouvais son geste discutable. La magie avait disparu.

Travailler avec une forme claire

En suivant les cours d'art floral, je compris très vite qu'il ne s'agissait pas de faire de jolis bouquets de fleurs. Il faut faire chaque geste avec attention. La composition s'élabore avec trois branches : le Ciel, la Terre et l'Homme. La grandeur de chaque branche est prédéterminée, ainsi que l'angle d'inclinaison. Cette tripartition assure un équilibre vivant. Au fur et à mesure des années, j'ai appris d'autres formes plus complexes, en travaillant sur le sens des lignes, des points, des courbes.

Comme dans la pratique de la méditation, il ne s'agit pas d'appliquer mécaniquement des règles. L'important est la manière dont ces dernières nous permettent de nous relier à ce qui est avec précision, attention et cœur.

Je découvrais, grâce à cette pratique, une possibilité de demeurer dans un état de paix et d'harmonie – état qui n'était pas « personnel » ou intérieur mais qui se déployait à mesure que je m'ouvrais à la beauté du monde.

Or comme le dit le poète Gerard Manley Hopkins : « Il est désespérant de constater que la plupart des gens ignorent jusqu'à l'existence de la beauté intrinsèque du réel, alors qu'il leur suffirait d'ouvrir les yeux pour la voir et la faire ressurgir parmi nous ».

L'expérience du sacré comme unité

Quand les fleurs sont *ensemble* – c'est une situation merveilleuse. Tout semble en ordre, juste. Un véritable *ikebana* placé au bon endroit permet à la Terre et au

Ciel d'être à nouveau réunis. Vous faites alors une expérience tangible et très simple du sacré.

Le mot « sacré » est peu audible en français car lié à son étymologie latine *sacer* qui signifie « séparé ». Est sacré pour nous ce qui s'oppose au profane – et qui donc peut être inquiétant, numineux ou tout autre.

Ce n'est pas de cette expérience que je parle, mais d'une unité que les termes allemand *heilig* ou anglais *holy* permettent de mieux comprendre. Ces deux mots disent le sens de l'entièreté. Est sacré non ce qui est séparé, mais ce qui est rassemblé et ce qui nous inclut en lui.

Comment faire comprendre le lien entre l'ouverture des sens, la vue ou l'ouïe, et le sacré ?

Alors que je réfléchissais à cette question, je suis allé écouter un concert exceptionnel d'un vieux monsieur de quatre-vingt-huit ans, le pianiste Menahem Pressler. Il a joué deux sonates de Schubert que je connaissais bien. Dans son interprétation, chaque note était neuve, advenant d'un esprit d'innocence, de jeunesse et de joie. J'ai fait alors cette expérience bouleversante : l'écoute de quelques notes de musique peut être sans limite. Tout votre être résonne dans un océan émouvant.

Faire un arrangement floral, c'est comme jouer une sonate. La forme est précise. Les notes sont écrites. Mais ce que vous faites, personne, jamais, ne l'a encore fait.

Nous nous trompons en croyant que l'art donne du plaisir, qu'il est une expérience sensible. Non, dans sa vérité profonde, il nous libère, il nous rend plus humains – il nous sauve !

Apprendre à être : le sens de la douceur

Mme Hozono dégageait une grande tendresse. Elle ne nous apprenait pas au premier chef un ensemble de règles, ni comment faire un bouquet extraordinaire. Pour elle, l'important était simplement d'apprendre à faire attention pour se mettre au diapason de la beauté du monde et lui permettre de mieux se manifester.

Il est impossible, me disait-elle, d'accomplir un arrangement par force ou par volonté. Et en effet, le moindre geste brutal crispe toute action, qu'il s'agisse de tirer une flèche ou de poser une fleur. Mais si nous nous détendons, alors les choses se font presque toutes seules. Or comme j'avais plutôt appris à y aller en force, j'étais désemparé. Comment accomplir quoi que ce soit sans se forcer, s'imposer des objectifs ?

Cette douceur que j'ai ainsi peu à peu apprise m'a permis de mieux découvrir que l'attention n'est pas tant un effort de volonté qu'un mouvement profond de détente. Du reste si je regarde, aujourd'hui, ce que j'ai appris dans les cours de Mme Hozono, je dois bien reconnaître que les formes qu'elle m'a enseignées, je les ai pour la plupart oubliées, ne pratiquant plus l'art floral depuis des années. Mais en revanche, la qualité de son attention, son souci de chaque détail, sa joie d'être simplement là sans histoire, cette douceur, ne cessent de m'habiter et de m'inspirer.

LA DÉCOUVERTE DU TIR À L'ARC

Quant au *kyudo*, le tir à l'arc japonais, je l'ai d'abord abordé lors des trois mois de séminaire où j'ai rencontré l'un de ses grands maîtres : Kanjuro Shibata Sensei. Cet homme est le vingtième détenteur de la lignée des fabricants d'arcs de l'empereur du Japon, reconnu « trésor national vivant » dans son pays. Shibata Sensei est venu aux États-Unis, à la demande de Chögyam Trungpa en 1980. Il a quitté cinq ans plus tard le Japon pour s'installer en Amérique et se consacrer entièrement à la transmission de la voie de l'arc.

Il a souvent expliqué sa décision par la profondeur de l'enseignement de Chögyam Trungpa. Enseigner le *kyudo* était, dans son pays, devenu impossible. « Cet art n'y est plus qu'un sport. Les Japonais, dénonçait-il, sont devenus fascinés par l'obtention d'un *dan* supérieur. Ils veulent progresser dans la connaissance technique mais perdent ainsi de vue le sens réel de cette discipline. Car l'esprit du *kyudo* consiste à polir son esprit, non à acquérir des degrés ou des diplômes. » La tradition bouddhique elle-même, se désolait-il, est morte au Japon : « Le bouddhisme n'y est plus occupé que par des cérémonies organisées pour prier les ancêtres. Or l'enseignement de Chögyam Trungpa cherche à purifier l'esprit au travers de la discipline de la méditation et enseigne comment pouvoir mieux aider les autres. Voilà l'important.»

Miroir de l'esprit

Dans le *kyudo*, j'ai aussi appris à suivre un ensemble de postures parfaitement codifiées. Le tir commence dès que vous saisissez l'arc ou, plus exactement, dès que vous entrez dans la pièce – le *dojo*.

Comme nous avons tendance à tout regarder sous l'angle du résultat, nous croyons que le *kyudo* consiste à envoyer la flèche dans la cible. Or ce n'est pas du tout l'enjeu. Par votre rapport à l'arc, vous clarifiez votre esprit et pacifiez votre cœur pour pouvoir mieux entrer en rapport au réel.

Le leitmotiv des vrais grands enseignants de *kyudo* est que l'important n'est pas de viser la cible. Ce n'est pas vous qui pouvez l'atteindre, mais « l'esprit droit et le cœur droit ». L'espoir de réussite, d'amélioration, de performance, éloigne de l'esprit même du *kyudo*.

C'est pourquoi vous tirez d'abord, souvent pendant des années, sur une cible qui se trouve à deux mètres devant vous. Impossible de la rater. Vous apprenez simplement à porter attention à votre présence corporelle, à votre esprit et la manière dont vous êtes là. C'est une forme de méditation.

Mme Hozono disait que « l'arrangement floral est votre propre esprit » et Shibata Sensei affirmait pour sa part que « le tir est votre esprit. » Or, la plupart du temps, nous ne voyons pas notre esprit, qu'il soit clair ou obstrué, en colère ou malheureux. Nous sommes focalisés sur ce que nous voulons atteindre. Nous déchirons l'extérieur et l'intérieur – et manquons ainsi de reconnaître leur unité intrinsèque.

Se confronter à la peur

Si l'*ikebana* m'a permis de faire l'épreuve de l'expérience pleine du sacré, et par là de mieux comprendre le sens de l'œuvre d'art, le *kyudo* m'a confronté à la peur. La première chose, en effet, que l'on m'ait dite : « On n'apprend pas à tirer pour tenter d'atteindre la cible, mais pour trancher la peur et s'en libérer » correspond exactement à l'expérience que j'ai faite.

Pour le comprendre, il faut partir de la pratique de la méditation. Quand je la présente dans des situations où les gens ne savent pas ce qu'elle est et ne sont pas vraiment décidés à s'y engager, demander de rester simplement cinq minutes en silence, en restant assis droit sur une chaise, suffit souvent à les mettre dans un état de panique. L'immobilité et le silence leur semblent insupportables.

Dans la vie quotidienne, nous en faisons souvent l'épreuve : restez avec quelqu'un une minute en silence, la panique survient. Il faut tout de suite dire quelque chose, n'importe quoi. En un sens très simple, ce dont nous avons peur, c'est de l'ouverture.

Dans le kyudo vous affrontez très directement cette peur, vous y entrez même – et vous la traversez. Vous intensifiez votre attention, et puis vous lâchez votre effort. La flèche part alors toute seule. Vous ne tirez pas. Vous la laissez partir.

Vous sautez ainsi dans l'espace ouvert, laissant derrière vous les points de repère conventionnels. Vous ne maîtrisez plus rien. Votre esprit, libre de l'esprit conceptuel, est alors vaste comme le ciel.

Trancher au travers des sept émotions (le vide)

Les textes des anciens maîtres de kyudo expliquent que la pratique a pour visée de trancher à la racine les « sept émotions » principales. Voici celles que donne Shibata Sensei : la colère, l'avidité, l'impatience, la tristesse, la peur, la surprise (le fait d'être désarçonné) et le bonheur (le fait d'être installé dans un état d'esprit auquel on s'accroche). Abandonner ces restrictions de l'esprit permet de le libérer et d'atteindre l'ouverture inconditionnelle désignée en japonais par le terme *mu*. On a souvent traduit *mu* par « vide », mais il faut entendre ce terme non au sens angoissant qu'il a en Occident, conduisant par exemple Lavoisier à dire que « la nature a horreur du vide », mais au sens de ce qui est ouvert, libre de toute saisie et de toute crispation.

Autrement dit, le tir à l'arc coupe les émotions douloureuses, les angoisses et les complications. Il nous rend libres et présents.

Être sincère

En Orient, ces arts méditatifs et chevaleresques ont perdu leur dimension méditative ; désormais seule importe la prouesse technique. Au Japon, l'*ikebana* est gangrené par les concours où les arrangements doivent être impressionnants, les techniques subtiles, et le *kyudo* est devenu un sport de compétition.

En Occident, le problème est différent, nous sommes fascinés par la forme. Nous trouvons le *kyudo* ou l'art floral très esthétiques. Penser ainsi nous égare. La forme compte, certes – il importe de tirer comme il faut, de faire un arrangement harmonieux –, mais dans le même temps, elle doit être abandonnée. C'est comme dans la pratique de la méditation, l'important n'est pas la posture ni même de réussir à suivre parfaitement son souffle sans avoir de pensées étrangères. L'important est d'agir avec cœur sans se fixer sur rien.

Le sens de la voie chevaleresque

Lorsqu'on demandait à Shibata Sensei le sens profond du *kyudo*, il répondait de manière déconcertante : « Apprendre les bonnes manières. » Pendant longtemps, je dois reconnaître que je n'ai pas du tout porté attention à cette remarque. Je ne voulais pas apprendre les bonnes manières mais entrer dans la plus haute dimension spirituelle !

Mme Hozono disait la même chose. Avant de repartir au Japon, la dernière année où elle vécut à Paris, elle ne donnait plus de cours. J'ai tellement insisté pour étudier avec elle, qu'elle a accepté de me donner des leçons chez elle. Elle a juste mis une condition. Nous allions commencer le cours par la décoration de boîtes à lait avec du papier japonais dans lesquelles nous mettrions des fleurs afin de les apporter dans les hôpitaux et les lieux publics. Nous coupions ces boîtes qui avaient l'avantage d'être étanches et collions des papiers *washi* ce qui les transfigurait. Elle me montrait comment y disposer quelques fleurs qui faisaient un grand effet. Son intention était très belle et je constatais combien ses cadeaux avaient un réel impact.

J'ai alors compris le sens de cette phrase que j'avais récitée au début de chaque cours et à laquelle je n'avais jamais vraiment fait attention : *L'ikebana est un art que chacun, à tout moment et partout, peut pratiquer en utilisant n'importe quelle fleur.* À la poignée de porte de son immeuble, elle avait accroché une petite chose délicate avec simplement trois fleurs. Et cette simple présence changeait toute l'atmosphère du hall d'entrée, qui rayonnait de cette grâce qu'elle essayait de m'enseigner.

Vous ne tirez pas à l'arc pour devenir un grand sportif, vous n'arrangez pas des fleurs pour devenir un artiste d'exception. Vous apprenez à être un être humain ! Vous faites quelque chose pour clarifier votre esprit, ouvrir votre cœur et aider le monde.

Un geste simple

Quand je suis allé au Japon pour la première fois à l'automne 2010, je fus invité à une cérémonie du thé *(Chado)* que la femme du professeur de philosophie qui organisait mon voyage avait préparée dans son appartement. Je connaissais bien le sens de cette cérémonie ayant assisté à plusieurs démonstrations en Europe et aux États-Unis par des maîtres de tout premier plan. J'avais compris que le Japon a donné naissance à des arts d'une sophistication parfaite et qui me fascinaient.

Mais je fus surpris. La cérémonie n'avait rien d'extraordinaire. Elle était vraiment toute simple : cette dame m'offrit avec cœur une tasse de thé. Je n'avais jusqu'alors encore pas vraiment compris ce dont il est en vérité question dans ces arts japonais. La cérémonie du thé ne nécessite pas des ustensiles rares et précieux, des années d'études, mais simplement le développement des bonnes manières permettant aux êtres humains d'être ensemble, indépendamment de la peur et des sept émotions. Occidental, j'étais resté fasciné par la forme. Shibata Sensei l'avait pourtant souvent dit : la cérémonie du thé a perdu son sens car ce qui compte désormais est la qualité des instruments utilisés, qui en fait un passe-temps pour riches oisifs. Choisir des ustensiles de tous les jours serait, précisait-il, plus indiqué et fidèle à l'esprit de cet art.

C'est un peu grâce à ces deux maîtres, Mme Hozono et Shibata Sensei, ainsi qu'à l'épouse du professeur japonais que j'ai compris que méditer n'est pas un exercice spirituel héroïque, mais une manière toute simple d'être présent, soucieux que le monde devienne plus habitable afin que chacun y ait sa place. Une telle tenue n'a rien à voir avec une politesse convenue et bourgeoise, mais est une manière profonde et digne d'être humain.

11

Avec Francisco Varela : la méditation et la découverte de la liberté naturelle de l'esprit

Ne te concentre pas sur toi-même sans respirer, planté là comme un pieu ! Ne fixe pas le bout de ton nez. Insensé, jouis du spontané !

Saraha

PORTRAIT DE FRANCISCO EN HÉROS MODERNE

Première rencontre

En allant pratiquer dans l'appartement de ce couple d'Américains, anciens étudiants de Chögyam Trungpa, j'ai fait la connaissance de Fracisco Varela qui venait très souvent nous présenter un enseignement ou simplement méditer avec nous. Francisco Varela était un scientifique de haut niveau, spécialiste des sciences cognitives au laboratoire de l'École polytechnique et directeur de recherches au CNRS. Il effectuait un travail de pointe pour montrer comment les liens entre la pratique méditative et la recherche scientifique pouvaient permettre de mieux comprendre l'esprit humain.

Je ne savais alors rien de l'importance de son travail. Il était pour moi simplement ce pratiquant au bel accent chilien, que je rencontrai régulièrement. Quand je suis revenu du séminaire de Chögyam Trungpa, le couple d'Américains était retourné vivre en Amérique du Nord, me laissant bien triste et un peu désemparé.

Comme j'avais besoin d'être guidé dans ma pratique, Francisco Varela accepta de me prendre sous son aile et je le retrouvais souvent soit chez lui soit à son laboratoire.

Extérieurement, Francisco menait une vie ordinaire : il était pris par son travail scientifique, il avait une femme, des enfants... Mais intérieurement, c'était un pratiquant accompli, passionné par l'exploration de la méditation. Il ne se contentait pas de s'asseoir sur un coussin : il partait régulièrement pour de longues retraites, et dans sa vie quotidienne, cet engagement était toujours au centre de toutes ses activités. Il était ce qu'on nomme un *yogi*, c'est-à-dire un être qui se dédie à la voie sans adopter pour autant les signes visibles de son activité.

En Occident nous sommes déconcertés par cette possibilité. Pour nous, si la perspective spirituelle nous appelle, il est logique de s'engager dans une voie monastique ou religieuse, de prendre l'habit et de choisir le chemin du renoncement. Mais la perspective yogique considère au contraire que les formes extérieures peuvent aisément égarer. Ce qui importe est l'attitude intérieure. C'est pourquoi, dans la tradition bouddhique, la figure du méditant engagé dans un métier, se mariant et ayant des enfants, joue un rôle majeur.

Un engagement incandescent dans la pratique de la méditation

Francisco Varela était un homme hors du commun. À la fois d'une rigueur sans pareille mais aussi refusant toute forme de dogmatisme. Je me rappelle avoir été étonné de l'entendre répondre à quelqu'un qui lui demandait : « Es-tu bouddhiste ? », lui qui l'était plus que quiconque : « Non. » Simplement parce qu'il refusait toutes les étiquettes. Il pariait pour la liberté – qu'il a découverte dans la pratique et qu'il voulait transmettre.

Le point de départ, nous disait-il, est de bien comprendre la ressource de l'attention qui est *comme un muscle qu'il nous faut apprendre à exercer*. Contrairement à une idée reçue, l'attention peut se travailler. Être attentif n'est pas donné une fois pour toutes, et il existe un chemin pour la développer : la pratique de la méditation.

Mais, insistait-il, il ne s'agit pas juste d'être attentifs, il nous faut être ouverts au *présent vivant*. En effet, en pratiquant nous découvrons que le présent est beaucoup plus vivant que nous ne le pensons ordinairement. Et pour faire apparaître cette richesse, il parlait du *feuilletage du moment présent*. Il faut dépasser l'opposition entre être présents ou être perdus dans nos pensées. Cette distinction est en réalité trop courte. Il existe de nombreuses modalités d'être. Votre présence peut être un peu éteinte ou plus vive. Vous pouvez être conscient du fait que vous êtes présent ou l'être sans avoir besoin d'aucun observateur pour le vérifier. Les textes traditionnels décrivent avec une infinie finesse ces diverses strates qui renvoient à différents niveaux de texture de l'expérience (que la tradition bouddhiste étudie par exemple dans sa description des « huit consciences »). Francisco Varela voyait dans ces analyses un lien profond avec la pensée de Husserl, qui le passionnait.

Méditer ne consiste pas à rester assis sur un coussin mais implique une présence bien plus active qui doit être tout à la fois d'une grande légèreté et profondément alerte. Il serait idiot, disait-il *de devenir un méditant grenouille*.

Il est bon de pratiquer avec la plus vive curiosité pour ce qui arrive.

La dernière fois que je l'ai vu, nous avons longuement parlé de la manière dont la pratique de la méditation ouvre un chemin : « Au fur et à mesure que je vieillis, la pratique et le *dharma* deviennent quelque chose de très transparent dans ma vie. Il n'y a pas la vie d'un côté et puis le *dharma* de l'autre, mais une unité profonde. Le point central que je retiens de l'héritage de Chögyam Trungpa est ce geste qu'il a fait avec nous : nous amener d'un état de petit bébé qui vomit et chie partout à l'apprentissage de la propreté. C'est cela la pratique : passer d'un état très sauvage à celui qui se ressaisit sur une discipline de présence attentive, et fait de ce constant ressaisissement – revenir au fondement même du présent vivant – le geste le plus fondamental et le plus ultime. »

NEUROBIOLOGIE, PHÉNOMÉNOLOGIE ET BOUDDHISME TIBÉTAIN

Si Francisco était un méditant hors pair, il était aussi un scientifique de tout premier plan engagé de plus dans l'étude de la phénoménologie. Il a travaillé, comme tout ce qu'il accomplissait, avec un sérieux sans égal, allant jusqu'à étudier les manuscrits non publiés de Husserl. La méditation, la science et la phénoménologie n'étaient pas pour lui trois domaines séparés, mais une même exigence de comprendre l'esprit humain et par là, notre existence.

Francisco Varela a présenté son travail dans son livre majeur *L'Inscription corporelle de l'esprit*. Il m'avait donné à lire les épreuves de son livre et nous avions réfléchi ensemble au titre – comment traduire en français *embodied* sans employer le terme, bien trop connoté, d'« incarnation » ?

Le défi scientifique : surmonter l'oubli de l'expérience humaine

Francisco Varela contestait la compréhension mécanique et matérialiste de l'esprit humain qui domine dans les sciences et qui a pu conduire le célèbre psychologue évolutionniste Steven Pinker à déclarer que « presque tout le monde, dans les sciences cognitives, partage l'idée que le cerveau est une sorte d'ordinateur neuronal produit par l'évolution ».

Selon Varela :

Dans la bonne tradition scientifique, il y a toujours une espèce de rémanence très réductionniste qui fait que toutes ces connaissances restent assez éloignées, assez coupées de ce qui est paradoxalement l'expérience humaine qui bénéficie de cette connaissance ; c'est-à-dire que le vécu humain ou les actes cognitifs ne rentrent pas explicitement dans le discours des sciences cognitives et lui restent extérieurs. Cela me semble une situation complètement intenable ; on peut le faire si l'on parle des atomes, des réactions chimiques, ou des montagnes, ou de la lune... ; mais on ne peut pas le faire si on parle de la connaissance humaine !

Francisco Varela regrettait que la science considère l'esprit humain en oubliant l'expérience que l'homme peut lui-même en faire.

Les sciences ont une méthode solide pour étudier un objet donné, mais que peuvent-elles proposer pour étudier l'expérience humaine ? Elles sont démunies. C'est là qu'il faut situer l'importance de la pratique de la méditation qui est une ressource unique pour comprendre notre esprit :

On passe trop souvent sous silence qu'il y a, notamment dans la tradition bouddhiste, une phénoménologie de l'expérience qui a développé un énorme savoir ; et l'on n'a simplement pas le droit d'ignorer cette accumulation de savoir, parce que celle-ci se situe dans le même esprit que la phénoménologie occidentale, mais mise en action, c'est-à-dire expérimentée. Hélas les Occidentaux, par pur dogmatisme, ont écarté ces traditions sous des étiquettes du style "ce ne sont que des traditions folkloriques", ou "ce ne sont que des religions".

Son intérêt pour le bouddhisme résidait là. Il ne venait pas d'un souci religieux mais d'une volonté de comprendre l'être humain. Francisco Varela expliquait que deux mille six cents ans d'examen de l'esprit ont porté des fruits et sont une ressource précieuse pour nous permettre, aujourd'hui, d'établir un rapport de plus grande familiarité avec notre esprit.

Le titre de son livre *L'Inscription corporelle de l'esprit* témoigne de cet engagement. Francisco s'opposait à l'explication naïve de la conscience par les corrélats neurobiologiques et par une base purement organique du corps tout comme il refusait l'affirmation d'une autonomie absolue de l'esprit vis-à-vis de notre réalité corporelle.

La conscience n'est pas une boîte noire

Pour réussir à penser cette autre compréhension de l'esprit dans son inscription corporelle, il lui semblait important de prendre appui sur le travail de la phénoménologie dans sa capacité neuve de décrire l'expérience humaine – sans en passer par des conceptualisations abstraites. Pour la phénoménologie, la philosophie doit cesser de proposer des réflexions abstraites sur des divers sujets – Dieu, l'âme, la justice, etc. –, pour considérer l'expérience elle-même et la décrire le plus finement possible.

Husserl s'est ainsi engagé dans une méditation de l'esprit humain d'une grande audace. La conscience, montre-t-il, n'est pas une boîte noire comme un disque dur d'ordinateur. Nous nous trompons en croyant qu'il y a *mon* esprit, *ma* conscience *en moi*. La conscience est toujours « conscience de quelque chose ». Elle est d'emblée déjà ouverte.

Méditer, c'est découvrir cette *intentionnalité* – le fait que notre esprit est toujours déjà relation.

NOTRE PASSION COMMUNE

La phénoménologie était notre passion commune. Depuis quelques années déjà, je lisais Martin Heidegger. Francisco se consacrait davantage à Husserl. Cela donnait lieu à de fréquentes discussions car nous n'étions pas d'accord. Je trouvais qu'Heidegger allait plus loin dans le saut hors de la subjectivité, ce qui du coup rendait la compréhension de l'ouverture que nous permet de découvrir la méditation beaucoup plus radicale et juste. Je considérais que comprendre la pratique de la bienveillance à partir de l'inter*subjectivité* était égarant car l'expérience que chacun peut en faire est au contraire une expérience libre de toute subjectivité, une ouverture primordiale.

Francisco me répondait de sa voix inimitable : « Au fond Fabrice, cela n'a pas d'importance. Ce qui compte est de voir que la phénoménologie est essentielle. Si l'on veut saisir le sens des enseignements de la méditation, il faut passer par la phénoménologie parce que c'est une description de l'expérience humaine qu'un scientifique même pourrait accepter : elle est si précise qu'il est possible de l'examiner point par point. Cela pourra nous servir de socle à la pratique de la méditation pour en faire une discipline rigoureuse et solide dont notre monde a tant besoin. »

Francisco, de façon profondément visionnaire, comprit que la méditation ne pourrait pas être transmise en Occident comme une religion. Il fallait qu'elle parle un langage qui nous soit plus direct. Pour ce faire, il entreprit de permettre des dialogues au plus haut niveau entre bouddhisme et science occidentale, créant la première rencontre entre scientifiques et pratiquants sous la direction du Dalaï-Lama en 1987 – symposium qui a donné lieu à la fondation de l'institut *Mind & Life*.

La transmission de la méditation : une énigme !

Au départ du couple d'Américains, comme nous ne pouvions plus pratiquer dans leur appartement, nous avons loué un petit local qui fut notre premier centre de méditation.

Après quelques années, j'eus la responsabilité d'y organiser les enseignements bouddhistes. Pour moi, l'essentiel était d'entendre Francisco enseigner. Mais à cette époque, il ne venait plus très souvent se joindre à nous. Le caractère de plus en plus administratif des centres de Chögyam Trungpa, qui se rigidifiaient depuis sa mort, le gênait. Il trouvait que nous perdions une expérience vivante de la pratique dans une ritualisation abstraite et un formalisme sans inspiration.

Il m'expliqua qu'il souhaitait d'autre part arrêter d'enseigner parce qu'il n'avait pas « stabilisé la nature de son esprit ». Une « stabilité parfaite de l'esprit » n'est pas une stabilité ordinaire mais implique d'être à même d'habiter pleinement l'ouverture du présent vivant dans toutes ses dimensions. Il n'avait rencontré que peu de personnes ayant cette capacité et au premier chef ses deux maîtres : Chögyam Trungpa et Tülku Urgyen. Tous deux témoignaient des deux visages de la méditation : devenir adulte par l'attention et la présence – ce que lui apporta l'enseignement de Chögyam Trungpa –, et se laisser entièrement aller dans la confiance envers la présence nue, ouverte et sans limites – perspective que lui transmit Tülku Urgyen. Le seul enseignement, le seul message du *dharma*, ne cessait-il de me répéter, est que la nature de l'esprit est luminosité et vacuité unies ensemble. En parler ne sert à rien, il faut le manifester. Il n'y a rien d'autre à enseigner.

Mais pour une raison ou une autre, mon désir ardent d'entrer plus avant dans la méditation, d'en comprendre l'ampleur, le touchait et il accepta ma démarche. Pour le convaincre, je lui avais proposé de consacrer un séminaire à regarder des enregistrements vidéo de Chögyam Trungpa, ce qui lui permettrait de parler en prenant appui sur un maître hors du commun habitant pleinement cette ouverture. Ce fut une des plus belles expériences d'enseignement que j'ai vécues. Nous regardions le film, puis il prenait la parole et faisait apparaître la manière dont Chögyam Trungpa y avait développé la perspective la plus ultime. Il semblait avoir vu une autre vidéo que moi. Je m'arrêtais à des éléments tangibles là où il montrait l'intangible. Je n'avais entendu qu'un enseignement intéressant, mais j'avais manqué l'essentiel : ce saut radical hors la sécurité des conceptions diverses. La méditation devenait un continent tellement vaste !

L'année suivante, il accepta de poursuivre cet enseignement, mais à la condition que je le fasse avec lui. C'est ainsi que j'ai enseigné pour la première fois. Sa confiance m'a permis de franchir le pas. Je ne le savais pas alors, mais ce fut le dernier séminaire qu'il dirigea.

De manière encore plus éclatante que jamais, il se mit à nous montrer la présence nue. Il nous plongeait dans l'ouverture inconditionnelle que nous manquons sans cesse. C'était poignant. Je me souviens qu'à ce moment-là Francisco a pleuré. Non de tristesse, mais de joie, de soulagement et de gratitude de pouvoir parler de ce qui était la grande affaire de sa vie. Je me rappelle avoir été très fortement frappé de voir quelqu'un pleurer parce qu'il était en rapport avec la vérité et non parce qu'il était pris par une émotion quelconque.

LA PRATIQUE FACE À LA MALADIE, À LA GREFFE ET À LA MORT

Francisco est tombé gravement malade. Il souffrait d'une hépatite, qui se mua en cancer du foie. On lui proposa une greffe. Il prit un moment pour réfléchir et me parla de ses doutes. Une fois la décision prise commença une très longue attente. Il me confia : « Je ne suis pas un *yogi*, mais dans les meilleurs moments, que c'est bon de faire de cette attente une occasion inespérée de pratique ! Quelle chance de pouvoir se confronter ainsi à sa propre mort ! C'est pour moi à présent la seule confrontation qui ait un sens. »

Quand l'opération fut programmée, je lui demandai s'il souhaitait que je lui rende visite à l'hôpital. Il me répondit que cela lui ferait plaisir et pourrait le soutenir. Mais lorsqu'il fut hospitalisé, il me fit parvenir le message qu'il ne voulait aucune visite. Rien ne devait entraver sa pratique, qui fut alors d'une rare intensité. Ce fut, me dit-il ensuite, une extraordinaire expérience d'approfondissement dans la capacité de rester présent à ce qui est. Il faisait l'épreuve de la confiance radicale, inébranlable dans cet intangible présent au cœur de l'ici et maintenant.

Je me souviens lui avoir demandé comment les autres patients réagissaient dans le service. Il me dit que soit les gens faisaient comme s'il ne se passait rien, ignorant le danger qui les menaçait, soit ils paniquaient ; mais que personne ne regardait en face la gravité de la situation. Or voilà le sens de la méditation : faire face à ce qui est.

De nombreux mois plus tard, alors que nous ne nous étions pas vus depuis longtemps, je lui demandai s'il accepterait que je l'interroge pour l'écriture du recueil d'articles que je préparais sur Chögyam Trungpa. Comme souvent avec Francisco, ce fut un moment profond et intense. Il me dit : « Je n'avais jamais dit, même pour moi, ce que je te dis maintenant, mais à ce point, je n'ai rien à perdre. Finalement, pendant le temps qui vient de s'écouler, j'ai mis les enseignements à l'épreuve. J'ai passé un an avec la mort si près de moi qu'il n'y avait pas de place pour des bagages non nécessaires. Il n'y a pas de place pour des croyances sur la pratique ; ce que l'on emporte avec soi, c'est simplement ce qui est en soi. »

Quand on se trouve confronté à l'expérience de ne même pas savoir si l'on va ressortir de l'autre côté, durant des semaines passées avec ce corps réduit à rien, où ne reste plus qu'un seul espace de liberté qui est la mobilité de l'esprit, où tous les enseignements sont mis à l'épreuve, jetés dans un chaudron sur un feu brûlant pour voir ce qu'il en restera.

Or seules deux choses subsistent. La stabilité absolue et nécessaire de l'esprit pour trouver constamment sa capacité à se ressourcer dans le présent vivant, cette présence attentive de revenir à ce qui est devant soi, qui est le fondement de toute pratique. Et puis au-delà de ça, il y a toujours l'espace pour aller encore un peu plus loin, encore un peu plus loin.»

Lui qui fut invité à parler dans de nombreux centres de méditation à travers le monde, me parla de ce qu'il avait constaté. «Partout, me dit-il, ce qui fait défaut, c'est une transmission suffisamment rigoureuse, précise, claire de la pratique de la méditation.» Il ajouta : «À mon avis, même aujourd'hui trente ans après l'introduction de la méditation en Occident, la plupart des communautés bouddhistes souffrent énormément d'une absence de méticulosité dans la technique de la pratique. Les gens commencent leur apprentissage soit en se plongeant dans vingt-cinq techniques différentes de visualisation, les préliminaires, le *shamatha*, etc., soit en se centrant sur une seule technique mais en n'ayant pas les moyens d'aller au-delà d'un état de débutant, parce qu'ils n'apprennent pas cette précision sur les détails de la pratique que Chögyam Trungpa a su nous transmettre.»

Le cancer a attaqué peu à peu son nouveau foie. Il a su alors que la fin était proche et en parlait de façon très directe. Lui qui avait d'abord insisté sur la manière dont la méditation permet une certaine maîtrise, au sens le plus noble du terme, en voyait désormais aussi la manière dont elle nous apprend à vivre dans la pauvreté et un certain abandon. Il témoignait, par son exemple, de l'unité de ces deux approches. Dans un film qui lui a été consacré, *Monte Grande*[1], on le voit à la fin de sa vie, diminué et amaigri. La maladie, explique-t-il, nous enseigne que l'on ne peut rien saisir, il nous faut simplement apprendre à faire confiance dans les ressources du présent vivant. Jusqu'au bout, il fut un exemple.

1. Franz Reichle, *Monte Grande : What is Life ?*, Icarus Films, 2005.

12
Se sentir aimé : ma singulière rencontre avec Frans Veldman

Dans ce monde, la haine n'a encore jamais dissipé la haine. Seul l'amour dissipe la haine.

Le Bouddha

Un moment important de ma compréhension de la pratique de la méditation n'a pas eu lieu dans un cadre « bouddhiste » mais lors de ma rencontre avec Frans Veldman, le fondateur de l'haptonomie. Cette approche est surtout connue aujourd'hui pour l'accompagnement qu'elle propose aux parents afin de leur permettre d'entrer en relation avec l'enfant à naître. Le père pose les mains autour du giron de sa femme. Un peu maladroitement au début, mais de manière de plus en plus assurée, il apprend à entrer en rapport avec son enfant. Il l'appelle « Je suis là, je suis ton papa » et il l'invite à venir vers lui, et le couple étonné voit et sent l'enfant se déplacer et venir se nicher contre la paume de son père. Et pour sa part, l'enfant ainsi accueilli par des parents aimants, pleinement autorisé à être, prend confiance en l'existence.

Mais ce n'est pas à ce titre que j'ai rencontré Frans Veldman. Une belle après-midi de fin d'été, j'ai frappé à sa porte. Et ce vieux monsieur installé dans un magnifique jardin des Pyrénées m'a fait l'un des plus beaux cadeaux que j'ai reçus. Il m'a montré une des dimensions les plus profondes de l'amour.

Il faut à présent que je vous raconte comment et pourquoi je l'ai rencontré.

LA CAROTTE ET LE BÂTON

La méditation telle que je l'ai reçue et telle que je la présente provient de l'engagement de Chögyam Trungpa. D'une manière géniale et provocatrice, celui-ci a refusé d'employer les catégories spirituelles en vogue à son époque. Il se moquait de la quête de l'éveil, de la bouddhéité ou du nirvana. Vouloir atteindre de tels objectifs et présenter la méditation comme un remède pour nous éviter de souffrir, c'était, expliquait-il, employer une carotte et un bâton pour contrôler un âne ! Une approche puérile.

Comme il l'écrit : « Toutes les promesses sont pures séduction. Nous attendons des enseignements qu'ils résolvent tous nos problèmes ; nous imaginons que nous allons disposer de moyens magiques pour nous occuper de nos dépressions, nos conduites agressives, nos blocages sexuels. Mais, à notre grande surprise, nous commençons à réaliser que rien de tel ne se prépare. Il est très décevant de réaliser que l'on doit travailler sur soi-même et sur sa propre souffrance, plutôt que de dépendre d'un sauveur ou du pouvoir magique[1].»

DÉCOUVRIR LA SANTÉ PRIMORDIALE

Nous aimerions rencontrer des sages qui auraient transcendé l'état humain, et nous croyons qu'en nous approchant d'eux, nous pourrions participer de leur pouvoir miraculeux. C'est une croyance vaine. Une façon de nous déconsidérer. Il n'y a pas de solutions autres que de retrousser ses manches et de se mettre au travail. Tel est le véritable apport de la pratique de la méditation.

Arrêtons de faire l'âne et de courir après une carotte ou encore de fuir le bâton. Entrer dans la véritable pratique de la méditation nous fait découvrir qu'« il y a en nous une qualité de santé primordiale. En fait, cette qualité se manifeste seulement en l'absence de combat[2].» Quel soulagement heureux ! Tout le secret de la pratique est là : se détendre et arrêter la lutte – y

1. *Le Mythe de la liberté et la voie de la méditation,* Paris, éditions du Seuil, 1979, p. 19-20.
2. *Pratique de la voie tibétaine. Au-delà du matérialisme spirituel,* Paris, éditions du Seuil, 1976, p. 159.

compris pour être meilleur. C'est tout le paradoxe : *en cessant de vouloir vous améliorer, vous invitez la possibilité d'un réel changement.*

Il est faux et agressif de croire que, par la méditation, je vais enfin parvenir à me débarrasser des aspects qui ne me plaisent pas pour arriver à un état de perfection ! En cherchant une telle paix, je ne fais, en réalité, que perpétuer la guerre. Méditer, c'est découvrir qu'il n'est pas nécessaire de se battre pour exister. Que nous pouvons arrêter d'essayer de survivre pour commencer enfin à vivre.

Telle est la découverte de ce que Chögyam Trungpa nomme justement la « santé primordiale ». Une santé qui ne dépend pas du fait que nous soyons en bonne santé ou malade.

Il ne s'agit évidemment pas d'y croire, mais de la toucher concrètement dans notre être. Si nous parvenons à nous détendre, à regarder pour de bon un nuage dans le ciel ou une goutte de pluie sur le carreau de la fenêtre, nous pourrions découvrir qu'il existe un aspect inconditionnel de la réalité qui réside dans les choses telles qu'elles sont. En un sens, tout artiste est en rapport avec cette bonté primordiale : il nous apprend à découvrir une ouverture plus grande que celle de nos conceptions et représentations.

Dire cela n'est pas affirmer un dogme : le monde serait bon plutôt que mauvais. Bien sûr, le monde est tout autant libéré dans l'indemne qu'en prise avec le malfaisant. Et il nous faut le soutenir. Mais ce n'est pas ce qui est ici en question. La méditation doit nous permettre de faire l'expérience concrète de la bonté. Une expérience possible pour chacun, mais qui ne nie en rien, j'y insiste, l'existence et la violence réelles du mal.

S'ABANDONNER AU PRÉSENT

Je pratiquais depuis quelques d'années, mais sans réussir à toucher pleinement ce sens de bonté, je ne voyais pas comment me détendre dans la bienveillance aimante.

Je sentais bien, grâce à la méditation, qu'il était possible d'être moins prisonnier de mes pensées et de mes constructions mentales. Je faisais l'expérience d'une présence plus vaste. La méditation me ressourçait par son refus de tout divertissement comme par sa critique de la tyrannie de l'évaluation. Mais malgré ces apports indiscutables, la bonté dont parlait l'enseignement m'échappait. Comment surmonter l'absence de tendresse et d'amour ? Comment surmonter la violence de mon enfance ? Comment assumer la dureté ?

J'en étais là quand j'ai entendu une émission de radio sur l'haptonomie. Je ne savais absolument rien de cette discipline : que signifiait ce mot un peu barbare ? Il est formé de l'union de deux mots grecs : *haptein*, qui désigne le fait de toucher, d'unir, de créer une relation, d'entrer en contact et *nomos*, qui signifie la loi ou la règle. Le toucher haptonomique consiste à donner une confirmation affective et existentielle à celui qui le reçoit, à lui faire toucher le « bon en soi ».

Quelque chose dans ces remarques me frappa. Nous avons tous vécu ces moments très singuliers que les surréalistes nomment les « hasards objectifs » : quelque chose arrive sans aucune raison logique et pourtant fait sens d'une manière irréfutable. Je savais que c'était là, le cas.

AFFECTIVITÉ ET NON EFFECTIVITÉ

Frans Veldman, le fondateur de l'haptonomie, a voulu montrer comment cultiver « l'amour humain de confirmation » qui trouve et dévoile le bon en l'homme. Les êtres humains, pensait-il, ont besoin d'être « confirmés » dans leur être pour se sentir pleinement exister, c'est pourquoi ils devraient « s'autoriser » mutuellement à être. C'est à partir de l'expérience traumatisante qu'il a faite pendant la Seconde Guerre mondiale que Frans Veldman a pensé cette modalité de relation aimante. En cette époque si terriblement violente, il a vu paradoxalement une capacité humaine de relation exceptionnelle. Il a cherché à la comprendre pour pouvoir la transmettre.

L'haptonomie a pour objet de permettre à chacun de retrouver « la capacité d'être, d'aimer et de partager au sein de la communauté des hommes» à une époque où elle est particulièrement menacée. Comme le constatait Frans Veldman, la naissance de l'enfant tend à devenir de plus en plus technique, empêchant qu'il soit pleinement accueilli et l'accompagnement des mourants oublie de la même façon la nécessaire confirmation affective de leur humanité. On prétend avoir répondu à leur besoin, or on a oublié l'essentiel : « L'éveil et la mise au monde d'une vie nouvelle semblent toujours plus soumis au contrôle d'une technique médicale de laboratoire, écrit-il, qui transforme la procréation humaine en industrie rationalisée. De même, en ce qui concerne la fin de vie, cette technicité augmente son influence, ce qui pose un nouveau problème : celui de pouvoir mourir dignement[1].»

Notre temps est marqué par la désertion de l'*affectivité* au profit de l'*effectivité*. C'est une situation lourde de conséquences. Notre société tout entière devient, pour cette raison même, inhumaine et inhospitalière.

À une époque où règne le souci aveugle de l'efficacité, Frans Veldman a su expliciter de manière audible pour notre temps comment prendre soin les uns des autres – non par une doctrine, mais par une pratique tangible.

1. Franz Veldman, *Haptonomie, science de l'affectivité,* Paris, PUF, 1989, p. 27.

LE FIASCO DE MA PREMIÈRE APPROCHE

J'ai été tellement frappé par cette émission et par ce que j'ai découvert sur l'haptonomie, que j'ai décidé d'entreprendre un travail avec un thérapeute afin qu'il m'aide à entrer en rapport avec ce bon, en moi, auquel je n'arrivais pas à me relier.

Le thérapeute me fit découvrir une forme très unique de toucher : un toucher de confirmation. Au début de la séance, s'il posait sa main sur mon ventre, je sursautais, me crispais. Mais peu à peu, ce toucher chaleureux et ouvert devait permettre de me détendre.

Malgré ces éléments de découverte et sa bienveillance, les séances furent un fiasco. Plus le thérapeute tentait de me montrer la bonté, plus je sentais l'absence de bonté, en moi, dans le monde et chez cet homme. Je sentais qu'il n'y était pas vraiment. Il faisait certes son travail avec compétence et cœur, mais il ne m'aimait pas absolument.

MA RENCONTRE AVEC FRANS VELDMAN

Après quelques mois, déconcerté par mes difficultés et par mes réactions inattendues, il m'a proposé de rencontrer Frans Veldman. Il vivait dans un village proche de Céret, dans le sud de la France. J'ai saisi l'occasion. J'ai pris l'avion et je suis parti rencontrer le fondateur de l'haptonomie qui était alors un homme très âgé.

Comme je ne conduis pas, j'ai été très gentiment mené jusque chez lui.

La séance a commencé. Il a posé sa main sur mon ventre et j'ai d'emblée senti ce sens de bonté comme jamais jusqu'alors. C'était si simple et si profond. Je n'en revenais pas ! Très libre, Frans Veldman ne suivait aucune des règles que ses élèves adoptent aujourd'hui comme des commandements intangibles. C'était juste une expérience humaine directe. Il m'a posé, reposé, dans cette expérience où il est possible d'être corporellement dans une atmosphère chaleureuse qui n'est pas fabriquée. Je me suis senti profondément aimé. Joyeux d'être, pleinement confiant.

Je suis sorti de la séance, en me sentant un autre homme. J'étais en paix et miraculeusement accordé de nouveau au monde.

Cette expérience, en retour, a profondément aidé ma pratique de la méditation. Il m'est devenu beaucoup plus aisé d'entrer en contact avec ce sens de bonté que je n'arrivais pas, jusqu'alors, à cerner.

NOUS NE NOUS AIMONS PAS

Un jour, il y a une vingtaine d'années, le Dalaï-Lama avait invité les principaux enseignants de méditation occidentaux à Dharamsala, en Inde. Il leur avait alors posé une simple question : « Quel est l'obstacle majeur que vous rencontrez dans votre présentation de la méditation ? » Après concertation, tous étaient tombés d'accord : la principale difficulté résidait dans le fait que les étudiants occidentaux ne s'aiment pas eux-mêmes. Chez nous en Occident, la pratique est même utilisée pour s'en vouloir de ne pas être assez présent, pas assez ouvert, pas assez bon. S'ensuivit un long conciliabule avec les traducteurs.

Une situation cocasse s'installa, car le Dalaï-Lama se trouvait dans l'impossibilité de comprendre ce qu'on lui disait. Puis il se rendit compte du problème et s'écria : « Mais comment est-ce possible ? Chacun est digne d'être aimé. » Oui, c'est pourtant là une des difficultés de la transmission de la méditation en Occident.

Matthieu Ricard raconte avec beaucoup d'honnêteté, dans son *Plaidoyer pour l'altruisme*, qu'il lui a fallu du temps pour comprendre que cette bienveillance envers soi – dont il est peu fait mention dans les textes bouddhiques – est essentielle pour l'Occident et radicalement distincte de toute forme de narcissisme et d'égocentrisme comme il en eut un moment la crainte.

Un très beau poème de T.S. Eliot, tiré des *Quatre Quatuors* que Frans Veldman aimait beaucoup citer, me semble une belle manière de parler de cette présence chaleureuse :

Au point repos du monde qui tourne. Ni chair, ni privation de chair ;

Ni venant de, ni allant vers ; au point repos, là est la danse,
Mais ni arrêt ni mouvement. Et ne l'appelez pas fixité,
Passé et futur s'y marient. Non pas mouvement de ou vers,
Non pas ascension ni déclin. N'était le point, le point repos,
Là où il n'y aurait nulle danse, là, il n'y a que danse[1].

Ce texte nous rappelle que la bonté, ce point immobile *(still point)* n'est pas statique, figé, une sorte de vérité gravée dans le marbre, mais l'expérience de la vie dans son incessant surgissement. Et trouver ce point, c'est s'allier à la vie dans toute son ampleur et son innocence.

1. T.S. Eliot, *Quatre Quatuors*, traduction Pierre Leyris modifiée, éditions du Seuil, 1976.

13

Découvrir et se réjouir de la beauté du monde tibétain : le sens de la Tradition

Tous, nous avons découvert la tradition.
Tous, nous en avons reçu promesse d'originalité.
Tous, à notre façon, nous avons vu s'accomplir
sa promesse.
Tous, nous sommes devenus des hommes dans l'exacte
mesure où nous avons aimé,
où nous avons eu l'occasion d'aimer…
Aimer avec abnégation, aimer sans retenue, avec une
force égale au carré de la distance,
c'est l'affaire de notre cœur d'enfant.

Boris Pasternak

La méditation n'est pas un outil de développement personnel inventé il y a peu par un gourou avisé ou par une bande de scientifiques. Elle est issue d'une longue tradition qui a donné naissance à de nombreuses analyses précieuses et éclairantes de l'esprit humain que nous pouvons aujourd'hui encore étudier.

Même si j'enseigne une forme de méditation non religieuse, même si je me sens profondément occidental – étant confronté à des questions liées à la situation propre à notre XXIe siècle – j'éprouve une infinie reconnaissance envers la tradition bouddhiste et plus particulièrement celle du monde tibétain.

SEPT ANS AU TIBET

J'ai découvert le monde tibétain lorsque j'ai commencé à pratiquer en 1988. En 1997, j'ai vu au cinéma *Sept ans au Tibet*, film de Jean-Jacques Annaud qui raconte l'amitié entre Heinrich Harrer et le Dalaï-Lama. Je ne sais ce que je penserais du film en le voyant aujourd'hui, mais à sa sortie, j'en fus bouleversé. Vous dire ce qui m'a à ce point ému va me permettre de faire comprendre la manière dont le monde tibétain vit en moi, m'appelle d'une façon si intime qu'en général j'évite même d'en parler.

Brûler d'amour

À la fin des années 1990, j'avais étudié avec plusieurs maîtres tibétains, j'avais reçu leurs enseignements et je me sentais profondément lié à eux, sans parvenir à mettre de mots sur cette expérience. Cette aventure, je ne pouvais en outre la partager : le monde tibétain semblait alors exotique et lorsque j'en parlais, on me regardait avec étonnement, voire avec un peu de commisération. Or, d'un seul coup, dans cette immense salle de cinéma des Champs-Élysées, ce qui était jusqu'alors pour moi secret, ou tout au moins privé, était montré en plein jour. C'est l'une des grandes forces du cinéma de pouvoir « objectiver » un sentiment et des expériences qui autrement sembleraient n'être qu'intérieurs.

L'histoire commence à la fin de l'été 1939, quand l'alpiniste autrichien Heinrich Harrer, premier vainqueur de la face nord de l'Eiger et qui rêve de conquérir le Nanga Parbat, sommet inviolé de l'Himalaya, accepte de s'y rendre sous la bannière nazie. Prisonnier des Britanniques à la frontière de l'Inde, il s'évade. Commence alors la véritable aventure de sa vie : il s'engage dans une longue errance qui se termine à Lhassa, résidence du jeune Dalaï-Lama avec qui, de façon improbable, il se lie d'amitié. Le film réussit à montrer l'amour intense de cet homme, au fond assez mal dégrossi, pour la perspective méditative et la bonté qu'incarne le Dalaï-Lama, qui n'est pourtant alors qu'un enfant. Je reconnaissais dans ce film ce qui me bouleversait, la présence chaleureuse des maîtres avec lesquels j'avais étudié et que je n'ai jamais rencontrée ailleurs.

Aujourd'hui, nous ne savons plus penser la relation qui unit un maître et son disciple. Nous connaissons la relation amoureuse que nous montre souvent le cinéma, ou à la rigueur l'amour d'une mère ou d'un père pour ses enfants. Mais l'idée qu'un être humain en aime profondément un autre parce qu'il lui montre la possibilité réelle de la présence nue, de la bonté chaleureuse, de la vérité ou de l'amour inconditionnels, est incongrue.

Ce qui était très bien montré dans le film, c'est que cette relation n'a rien à voir avec nos clichés. Harrer n'a aucune fascination pour le Dalaï-Lama. Ils ont un rapport simple, amical et personnel – mais néanmoins infiniment profond.

J'ai souvent écrit et enseigné sur les diverses modalités d'amour, et en particulier sur Éros et le sens authentique de la relation. Et même si j'ai un tempérament passionné, si j'ai connu l'amour fou, je dois reconnaître que rien ne m'a embrasé comme cet amour qui nous engage à nous ouvrir entièrement.

La méditation face à la force

En regardant ce film, je pleurai aussi parce que je voyais ce monde traditionnel et si profondément spirituel détruit par la Chine. Ce n'était pas seulement le fort qui écrase le faible, mais un mouvement irrépressible qui conduit la puissance de l'idéologie – ici communiste – à détruire le bouddhisme comme un archaïsme, selon le principe suivant, énoncé par Mao Tsé-toung lors de sa première rencontre avec le

Dalaï-Lama : « La religion est un poison. » Principe qui reprend du reste le credo marxiste « la religion est l'opium du peuple ». Autrement dit, la Chine qui détruit le Tibet a oublié son être propre, sa singularité et son histoire pour emprunter le pire de notre civilisation. Ce détournement de la Chine contre elle-même autant que la violence dont elle devenait la coupable aveuglée me sautaient au visage.

Je voyais aussi l'insoutenable sort qui frappe tout être humain anéanti par la force – celle des armes ou des concepts –, force qui est toujours à la fois celle des armes et des concepts tout ensemble.

Que vaut une parole de méditation devant la force ? Rien.

Je voyais cette dure vérité : la méditation est sans poids face à la force aveugle, brutale et sûre de son bon droit qui refuse une parole de confiance, d'abandon dans le présent vivant. La méditation ne peut rien face à la force, non qu'elle soit impuissante, mais elle est autre. Elle n'est pas de l'ordre de la force. Son royaume, si l'on voulait paraphraser les paroles du Christ, n'est pas de ce monde.

Cette leçon est celle que nous adresse aussi Sophocle lorsqu'il donne à voir le conflit entre Antigone et le roi Créon. La jeune fille oppose à la force brutale de l'État, sa seule conviction. Le poète lui fait alors dire cette phrase inouïe : « Ce n'est pas pour partager la haine mais l'amour que je suis née. »

Phrase profondément douloureuse car, comme le souligne Simone Weil, « C'est seulement chez les morts, dans l'autre monde qu'on a licence d'aimer. Ce monde-ci n'autorise pas l'amour. »

Telle est l'épreuve que vécut le poète Mandelstam écrivant un poème contre Staline qui signa son arrêt de mort. À cause de ce poème, il fut déporté puis envoyé en Sibérie où il mourra d'épuisement avant d'être jeté dans une fosse commune. Sa seule réponse, sans force, sera ses poèmes, dont celui-ci, écrit en 1935 à Voronej :

En m'enlevant les mers, et l'envol et l'élan,
Pour mettre sous mes pieds le sol et sa contrainte,
Qu'avez-vous obtenu ? Un résultat brillant :
Ces lèvres qui remuent sont hors de votre atteinte.

La méditation, l'amour, la poésie – tout ce qui consent à la nudité extrême de l'existence authentique – ne peuvent rien devant la violence du pouvoir. Mais ils sauvent et gardent néanmoins le souffle sans lequel il ne serait plus possible de vivre ! Le sens même de toute humanité.

Je crois que là réside la grande interrogation de mon existence : comment faire face à la violence et à la force d'une manière juste et réelle ? C'est sans doute là que se trouve mon engagement dans la pratique de la méditation, comme mon souci de questionner le sens de l'amour, de la beauté et de la poésie.

Le geste le plus décisif est un geste inutile, fragile, qui ne cherche pas à produire des effets, mais conteste à sa base la manière dont tout est pris dans la criminelle dictature de l'utilité.

Une culture sacrée

Le film de Jean-Jacques Annaud montrait enfin comment le monde tibétain, malgré ses graves problèmes et insuffisances, a su inventer une culture qui garde et déploie l'expérience de la méditation. Tous les pays bouddhiques s'y sont efforcés, et j'aime ces diverses cultures, en particulier celles du Japon ou de la Chine, qui montrent que la méditation n'est pas un exercice intérieur mais une façon de rassembler les êtres humains. Cependant, de toutes les cultures porteuses de l'esprit de la méditation, c'est celle du monde tibétain qui me touche le plus profondément. Elle a su établir un monde très vivant, intense, coloré, qui n'est pas gêné devant la vérité des émotions humaines dont elle sait révéler l'or.

Le film montre des processions avec de nombreux instruments de musique, de l'encens et des lampes à beurre, des déités et des peintures saisissantes, des masques et des brocards… On imagine souvent la méditation à travers l'image d'Épinal d'un détachement frugal en noir et blanc. Le Tibet présente une tout autre perspective, favorisant une opulence colorée et généreuse qui montre de manière très directe que la méditation n'est pas un chemin d'austérité, mais la découverte d'une plénitude et d'une confiance généreuse.

LA SOURCE CACHÉE ET LE FEU SACRÉ

Le bouddhisme tibétain est constitué d'un ensemble de traditions. Et la plupart des gens qui en parlent se méprennent faute de le comprendre. Ce pays isolé du reste du monde, niché au sommet des montagnes neigeuses, est devenu, par un ensemble de coïncidences historiques, la mémoire vivante du bouddhisme. Les Tibétains ont découvert le bouddhisme entre les VIIIe et XIe siècles. Ils se sont considérés alors comme des barbares, pratiquant des sacrifices sanglants et manquant d'éducation. Pour y remédier, ils ont cherché à recueillir, avec passion et rigueur, tous les documents, transmissions et pratiques qu'ils ont pu trouver en Inde.

Or pendant que les Tibétains étaient engagés dans ce travail, le bouddhisme disparaissait de l'Inde en partie à cause des invasions musulmanes dans le nord du pays. Si bien qu'aujourd'hui, nous ne connaissons certains textes du Bouddha qu'au travers des traductions tibétaines, l'original sanscrit ayant disparu. Et surtout, c'est par eux que nombre de pratiques et de courants ont survécu jusqu'à nos jours.

Les Tibétains ne se sont pas contentés de rassembler tous les enseignements qu'ils ont pu trouver, ils se sont attelés à les mettre en ordre, selon une articulation d'une cohérence exemplaire. Toutes les approches de la méditation ont été classifiées et organisées afin que l'on puisse les transmettre de la manière la plus intelligente possible. Pour un Occidental, féru d'ordre et de clarté, la perspective tibétaine est réjouissante.

Enfin, le monde tibétain s'est engagé dans la pratique de la méditation avec une ardeur et une intensité exceptionnelles. Dans *Le Moine et le philosophe*[1], Matthieu Ricard explique le choc qui fut le sien quand il a rencontré les premiers maîtres :

> *J'avais l'impression de voir des êtres qui étaient l'image même de ce qu'ils enseignaient... ils avaient l'air si remarquables. Je n'arrivais pas à saisir explicitement pourquoi, mais ce qui me frappait le plus, c'était qu'ils correspondaient à l'idéal du saint, de l'être parfait, du sage, une catégorie d'êtres qu'apparemment on ne trouvait plus guère en Occident. C'est l'image que je me faisais de saint François d'Assise, ou des grands sages de l'Antiquité. Une image qui était devenue pour moi lettre morte : je ne pouvais aller rencontrer Socrate, écouter un discours de Platon, m'asseoir aux pieds de saint François d'Assise ! Tandis que, brusquement,*

1. Avec Jean-François Revel, Pocket, 1999.

surgissaient des êtres qui semblaient être l'exemple vivant de la sagesse.

Matthieu Ricard réussit très justement à décrire le phénomène. Pour ma part, je n'ai pas choisi le bouddhisme, j'ai suivi une tradition dont les représentants manifestaient de manière évidente, pour moi, présence, amour et clarté. Et du reste, si le bouddhisme tibétain est si connu aujourd'hui, c'est qu'il nous est parvenu par une génération d'hommes hors du commun qui avaient pratiqué pendant de nombreuses années et incarnaient les enseignements de manière exceptionnelle : que l'on songe ici à Kalou Rinpoché, Bokar Rinpoché, Dilgo Khyentsé, le 16e karmapa ou Chögyam Trungpa. Rien d'abstrait dans leur enseignement, qui passait directement à travers leur personne, autant par leurs actes que par leurs paroles. Leur transmission n'était pas intellectuelle, c'était une mise en présence vivante, qui donnait à voir la pratique de la méditation comme une réalité à la portée de chacun d'entre nous.

Le monde tibétain est pour toutes ces raisons un miracle dans l'histoire de l'humanité. Peut-être fut-il le dernier espace de préservation de la Tradition, au sens où René Guénon parle de la tradition comme de la source la plus pure dont toute culture provient.

Ce qui m'éblouit, c'est la manière dont ce monde a réussi à ne pas perdre le feu sacré. Il existe, en effet, une tension inévitable entre la liberté spirituelle et l'institution. Or d'une façon qui semble miraculeuse, les Tibétains ont inventé de nombreux moyens pour permettre à la transmission de déjouer ce piège et de rester fidèle à l'héroïsme le plus confiant, à l'altruisme le plus extrême, à la source la plus secrète de l'amour fou.

LE DÉPLOIEMENT DES COULEURS ET DES ÉMOTIONS

L'exposition qui s'est tenue à l'hiver 2008 au musée Guimet : *Visions secrètes du Ve Dalaï-Lama*, fut pour moi une autre occasion de mieux entrer dans le monde du Pays des neiges. Si vous essayez de comprendre un texte tibétain, vous êtes arrêté par la langue, et une traduction pose d'infinis problèmes d'interprétation, alors qu'une œuvre d'art réussit à vous mettre de plain-pied avec la vérité spirituelle d'un monde ou d'une époque. Je ne suis jamais allé au Tibet mais, grâce à cette exposition, je m'y suis, en quelque sorte, rendu. On peut faire le même constat en regardant des sculptures de la Grèce antique qui permettent de toucher à l'expérience originelle que fit le peuple grec de l'existence humaine ou encore en visitant un monastère roman qui nous expose à la spiritualité d'un chrétien du Moyen Âge.

Cette exposition fut d'autant plus importante dans mon cheminement que je n'avais jusqu'alors pas vraiment prêté attention à la différence entre une peinture tibétaine contemporaine et une peinture tibétaine ancienne. Or les peintures qui sont réalisées aujourd'hui suivent certes des codes canoniques, mais d'une manière en réalité tout extérieure qui les rend kitsch. Je me suis, depuis, longtemps interrogé sur ce phénomène. Je crois que c'est tout simple : les peintures anciennes ne vous montrent pas *l'image* d'une déité ou d'un grand pratiquant, mais sa *présence* même. C'est radicalement différent.

Si vous contemplez un tableau de Raphaël, vous voyez avec évidence que sa présence n'a rien à voir avec les images qu'en a tiré l'art pompier du XIXe siècle. Dans tous les monastères tibétains que j'ai visités en Occident, j'ai bien vu des symboles et des images, mais non cette radiation profonde, cette présence réelle qui seule lave le cœur. Chögyam Trungpa en parle de manière très poignante dans son autobiographie *Né au Tibet*. Quelque chose s'est perdu du grand art tibétain, dit-il, à partir du XIXe siècle, et par là, le sacré s'est éloigné. Or cette exposition présentait des œuvres parmi les plus profondes et vivantes de cette tradition.

Le chant des émotions

Des années plus tard, en visitant la collection Bordier à Gruyères, qui est d'une exceptionnelle cohérence – peut-être parce qu'elle est l'œuvre d'un homme amoureux du Tibet et non de fonctionnaires –, j'ai refait cette expérience de toucher à la racine le génie propre au Tibet.

Ce qui frappe au premier chef dans les grandes œuvres d'art tibétaines, c'est le rapport très libre aux émotions qu'elles instituent : les déités sont courroucées, souvent nues, on y voit des têtes tranchées, des symboles d'une grande force, des couleurs vives et contrastées. Là où nous avons une certaine crainte des émotions, passant de la fascination à la méfiance, le bouddhisme tibétain a préservé une confiance étonnante dans leur ressource. Dans le monde tibétain, on pleure intensément, on se désespère des ravages de la confusion, on se réjouit follement d'un acte juste, c'est le contraire de l'impassibilité à laquelle nous identifions la sagesse. On offre des écharpes *(katas)* blanches en tremblant, on se prosterne, on éclate en sanglots, on marche des kilomètres à genoux... Mais tout cela, sans aucune lourdeur. L'émotion n'est pas solide. Elle n'est pas vue comme une proclamation de notre moi, ni comme une menace extérieure qui nous tomberait dessus. J'ai toujours trouvé cela très soulageant et sain. Être ému, triste ou en colère, n'est pas un obstacle à la pratique.

Bien sûr, cette écoute de la tonalité émotionnelle, chaleureuse et riche, propre au monde tibétain ne signifie pas que les émotions dites « négatives » comme la colère, la haine, la jalousie, l'envie ou la méchanceté soient valorisées. Tout au contraire, elles sont précisément reconnues comme des torsions plutôt que des émotions véritables. La jalousie, par exemple, comme une crise de rage sont des émotions troublées et distordues. Les écouter dans leur mouvement naturel doit en libérer la clarté qui leur est inhérente et restait jusque-là prisonnière.

Parce qu'elles le montrent si directement, les déités me parlent. Elles disent la vérité secrète propre à ce que nous nommons « émotions ». Et les mandalas qu'elles habitent m'ont toujours semblé dire une vérité très profonde : l'harmonie qui éclaire ce singulier point d'ouverture inconditionnel qui n'est autre que notre propre secret.

Tout être humain sent quand il peut parler de ses vénérables ancêtres – qu'ils lui soient donnés par naissance ou comme ici pour moi, par adoption –, il sait qu'alors il parle pour de bon. En évoquant le monde tibétain, je perçois à quel point je lui dois, combien il me constitue. Je n'y pense pas toujours, mais lorsque j'enseigne la méditation, c'est de là que, pour une large part, je parle. Ce n'est pas seulement une culture, c'est aussi une tradition. En m'y étant ancré, je suis placé dans une chaîne qui me dépasse et qui transcende mes qualités et mes problèmes personnels. Cette transmission est pour cela très juste : une parole vous guide et à partir de l'expérience qu'elle favorise naît une autre parole qui est vôtre. Vous la donnez. Elle parle. Elle vient d'ailleurs. Elle voit devant vous.

Pour cette raison, quand j'enseigne la méditation, je suis heureux. Personne ne me doit donc quelque chose. Je confie un présent, que j'ai moi-même reçu, à d'autres pour qu'ils le gardent et le transmettent à leur tour.

14

Comment je me suis cassé les dents sur le bouddhisme devenu institutionnel et dogmatique

Compagnons de mon temps ! Ne questionnez ni le médecin, ni le prêtre, si vous dépérissez au-dedans ! Vous avez perdu toute foi en la grandeur : vous devez donc disparaître, à moins que cette foi ne revienne, comme une comète des plus lointains ciels.

Hölderlin, Hypérion

UN SINGULIER MALAISE

Ma rencontre avec le bouddhisme tibétain est sans doute l'un des événements majeurs de mon existence. C'est parce que j'ai rencontré une tradition vivante que j'ai pu parler avec les êtres en chair et en os qui la vivent et qui pouvaient me la transmettre, c'est grâce à eux que j'ai pu entrer dans la pratique de manière vraiment personnelle.

Cependant, si une gratitude profonde m'habite pour ce monde et pour ceux qui me l'ont transmis, la manière dont cette tradition est aujourd'hui généralement présentée en Occident me trouble. Ce qui m'a touché il y a vingt-cinq ans s'est peu à peu émoussé. Un des moments importants de cette prise de conscience remonte à une douzaine d'années, lorsque je suis allé écouter un maître tibétain, comme je le faisais souvent lorsque l'occasion se présentait. J'y avais retrouvé un certain nombre de repères familiers et une atmosphère que j'aimais. Et puis le maître a commencé à parler. J'ai reconnu le même discours que celui que j'avais entendu et que la plupart d'entre eux tiennent à présent de ville en ville, d'année en année. Pourtant ce jour-là, j'ai constaté que, si j'étais vraiment honnête, cela ne me parlait pas. Les propos, convenus, égrenaient un ensemble de généralités. Je ne voyais pas un maître d'exception, mais un jeune homme un peu perdu. Mon attention s'est mise à vagabonder et j'ai commencé à prêter moins d'importance aux paroles dites et davantage à l'atmosphère autour de moi. Cet homme censé être la réincarnation d'un personnage illustre était regardé avec une vénération extrême qui me semblait à mille lieues de la nécessité de questionnement et d'intelligence qui m'avait décidé à suivre cette voie.

Je m'étais engagé dans le bouddhisme tibétain avec tout mon cœur. J'avais étudié, pratiqué et écrit mes premiers livres sur cette tradition. Or ce que j'écoutais et voyais là n'avait plus rien à voir avec ce qui m'avait tenu éveillé pendant toutes ces années. Je ne retrouvais pas l'intelligence fulgurante des textes anciens que je lisais, rien de l'ample soulagement que je pouvais éprouver en méditant, ni rien de la présence irradiante de ces maîtres merveilleux avec lesquels j'avais eu la chance d'étudier.

À un moment donné, le jeune maître a demandé à l'assistance de répéter après lui une formule en tibétain, ce que tout le monde a fait sans se poser de question ni demander d'explication. J'ai reconnu la formule de la prise de refuge. Une amie qui venait pour la première fois, curieuse de simplement écouter une conférence sur le bouddhisme, m'a demandé ensuite : « Que s'est-il passé ? » J'ai bien dû lui avouer : « Tu viens de prendre refuge dans le bouddha, dans le *dharma* et dans le *sangha* ! » C'était absurde !

C'est dans cet état d'esprit que je suis rentré chez moi.

J'habite une tour de la Défense. En haut, par la fenêtre, lorsque règne la nuit, j'aime à contempler les lumières en contrebas comme de nombreux petits points qui vibrent et clignotent. Je trouve cette expérience magique et apaisante. J'ai commencé alors à écouter une sonate de Schubert, jouée de manière inouïe par Sviatoslav Richter. Mon cœur s'est ouvert et déployé à l'unisson de l'immensité du monde.

Lorsque la sonate s'est achevée, j'ai repensé à ma journée. Allant suivre des enseignements bouddhistes qui sont censés être le summum de la spiritualité, je m'étais ennuyé. Maintenant, écoutant de la musique « profane » qui est généralement considérée par les maîtres tibétains comme un divertissement, je faisais l'expérience d'une harmonie libératrice.

Ce fut le début d'une crise décisive.

Le vrai courage, le juste défi

Il y a deux attitudes possibles dans la vie : soit on ne s'engage jamais, se laissant aller par peur, par lâcheté ou simplement par conformisme, dans le magma des jours succédant aux jours : on ne veut pas devoir quelque chose à quiconque, on ne souhaite pas se remettre en question. Ce qui advient, advient.

On peut aussi décider de faire quelque chose de sa vie et lui donner une direction. C'est un acte courageux. Mais alors, un péril nous menace : que cette décision cesse d'être juste. Il ne suffit pas de dépasser ses intérêts égoïstes et de se dévouer à une cause, encore faut-il que la cause soit légitime et surtout que notre manière de nous y consacrer le soit aussi. Louis-Ferdinand Céline, voulant fuir la médiocrité petite-bourgeoise, s'est enrôlé avec passion dans le nazisme. Ce fut une horrible erreur. Et même sans aller jusqu'à cet extrême, combien de gens se sont consacrés aux desseins les plus nobles et ont néanmoins, de compromis en compromissions, perdu le sens profond de leur quête.

Je crois indispensable de nous demander régulièrement si notre engagement nous garde ouverts, s'il reste fidèle à ce qui l'a initié, ou s'il nous emprisonne, voire nous empoisonne ?

J'étais moi-même tombé dans un piège sans m'en rendre compte : j'acceptais de faire des choses, de suivre des engagements qui ne me parlaient plus. J'étais certes à l'aise dans cet univers que je connaissais bien, mais ce faisant, je me mentais en trahissant la raison profonde qui m'avait conduit à y entrer.

UNE SALUTAIRE MISE EN GARDE

Chögyam Trungpa nous avait pourtant prévenus, il faut questionner encore et encore toute tradition et refuser l'asservissement religieux qui la menace. Le bouddhisme, malgré sa grandeur, n'est pas à l'abri d'être corrompu ou simplement de perdre son intégrité. Chögyam Trungpa avait constaté, jeune homme, cette situation et il savait de quoi il parlait : « Nous avons eu beaucoup de problèmes spirituels dans mon pays. Les gens menaient uniquement leurs petites affaires spirituelles : ils dirigeaient des cérémonies de mariage ; ils dirigeaient des cérémonies funèbres ; ils dirigeaient des cérémonies pour les malades; ils dirigeaient des cérémonies pour les malheureux. Mais il n'y avait pas de vraie pratique[1].» Loin d'être nostalgique d'un Tibet idéalisé, il remettait les pendules à l'heure : «Il est tout à fait clair que le Tibétain ordinaire ne s'assoit pas beaucoup, ce qui indique une dégénérescence de l'enseignement dans ce pays. Même dans les monastères, il est parfois très difficile d'inciter les personnes à s'asseoir.»

Le même problème se posait de nouveau en Occident. Fort de ce constat, Chögyam Trungpa insista sur l'importance de ne prendre aucun point de l'enseignement pour une vérité écrite dans le marbre, de refuser tous ces rituels exotiques si nous ne les comprenions pas vraiment, et surtout de revenir à la méditation comme le cœur de la voie. Son enseignement était pour cette raison passionnant et décisif. Il refusait de se présenter comme un «gourou», mais il se montrait comme un homme ordinaire, parlant avec ses étudiants dans une relation d'amitié. Il ne répétait pas les usages tibétains mais repensait l'enseignement en prenant en compte le génie propre de l'Occident.

Depuis sa mort en 1987, d'autres voix se sont fait entendre : Dzongzar Khyentsé (que vous connaissez peut-être pour l'avoir vu jouer dans le film de Bertolucci *Little Buddha* ou par ses propres films *La*

1. Chögyam Trungpa, *Sadhana of Mahamudra sourcebook,* Boulder, Vajradhatu Publications, 1979, p. 7.

Coupe et *Voyageurs et magiciens*) a analysé à son tour ce danger.

En 2002, aux États-Unis, un article est paru qui a fait grand bruit : une pratiquante de longue date expliquait les raisons de ce qu'elle considérait comme l'échec de la transmission du bouddhisme tibétain en Occident. On y enseigne des pratiques très complexes que l'on ne comprend pas, on y est prisonnier d'une hiérarchie autiste et ethnocentrique, aveugle aux vertus de l'Occident... Après de longues années, elle quittait cette tradition qu'elle disait conduire à une impasse !

À la surprise générale, Dzongzar Khyentsé reprit certaines critiques qui lui semblaient justes, expliquant que cette pratiquante soulevait « certains points dignes d'attention ». Il rédigea un texte en réponse : « Parce que les maîtres ont la responsabilité de transmettre le *dharma* en Occident, ils ont une plus grande responsabilité que les étudiants occidentaux, qui ne sont pas familiers des enseignements. Or, au lieu de les rendre plus accessibles, certains maîtres tibétains ont créé une immense dissension avec l'Occident, en raison de leur complexe de supériorité, d'un manque de respect fondamental envers les Occidentaux et d'un intérêt insuffisant pour la pensée occidentale[1]. »

1. http://www.american-buddha.com/dzong.khentse.html. Cet article est une réponse au texte de Tara Carreon, « Another View on Whether Tibetan Buddhism is Working in The West », http://www.american-buddha.com/tib.bud.working.htm.

En lisant ce texte, je comprenais que je n'étais pas le seul à m'inquiéter et qu'au sein même du bouddhisme tibétain, le problème, s'il n'était pas vraiment traité, était parfois reconnu.

SCOLASTIQUE, IGNORANCE ET FASCINATION

Le bouddhisme tibétain tend à devenir une sorte de scolastique, c'est-à-dire une discipline scolaire. Ce danger menace toute pensée. On se contente de répéter ce qu'on connaît déjà, ou plus exactement ce que l'on croit connaître sans en avoir pleinement fait l'épreuve.

On fige une pensée vivante en doctrine morte. Lisez saint Thomas et puis les thomistes, Marx et voyez les marxistes !

L'ignorance philosophique

Se forme ainsi un jargon bouddhiste fait de notions répétées sans être vraiment pensées. Les notions de *karma*, de renaissance, d'interdépendance, de compassion ou de vacuité sont utilisées sans que l'expérience qu'elles désignent soit vraiment traversée.

La tâche est certes difficile. Car même les grandes démonstrations importées de la tradition ne peuvent pas, en Occident, être répétées telles quelles ; elles doivent être repensées. L'un des exemples frappants parmi d'autres est la démonstration bouddhiste de la vacuité à partir de la non-existence du char, démonstration sans cesse employée et répétée, y compris aujourd'hui par les Occidentaux. Où est l'essence du char ? Si on enlève ses roues, reste-t-il un char ? Les scolastiques bouddhistes pensent y voir une brillante démonstration que l'essence du char ou de l'être humain n'existe pas, qu'il est essentiellement vide et insaisissable.

Il suffit pourtant de lire Platon pour comprendre que cet argument a été levé, en Occident, il y a deux mille cinq cents ans ! L'essence du char, explique le philosophe grec, ne réside pas dans ses parties mais dans son visage propre qu'il nomme son *eidos* – et que la philosophie a pensé ensuite comme « essence ». Prenons l'exemple d'un oiseau. Il en existe certes toutes sortes, du corbeau au canari, du pic-vert à l'aigle. Ils ne se ressemblent vraiment pas mais nous pouvons cependant les rassembler comment étant des « oiseaux », nous permettant, derrière les apparences diverses, de reconnaître leur unité spécifique. Nous saisissons ainsi *l'essence* même de ce qu'est un oiseau, qui ne réside nullement dans ses parties.

Si l'on veut exposer le sens de la vacuité, il faut s'appuyer sur la grande tradition métaphysique occidentale qui a, depuis son origine, montré comment sortir de la croyance naïve en la réalité des choses. Puis, à un niveau plus subtil, il est possible d'affronter la manière dont elle structure néanmoins notre croyance en un *fondement* pour pouvoir s'en dégager.

Faute d'un tel travail, l'argumentation bouddhique ne peut être qu'une doctrine scolaire sans efficacité ni justesse.

Dangereuses institutions

Les maîtres élevés au Tibet, qui avaient vécu souvent de longues années en retraite solitaire, se jouaient de ses difficultés. Leur expérience de la méditation et leur présence détruisaient le mur culturel qui nous sépare les uns des autres.

Je me souviens ainsi des séminaires que j'ai suivis pendant de nombreuses années avec l'extraordinaire Khenpo Tsültrim Gyatso. Ce maître hors norme, profondément libre, rassemblait chaque été des étudiants qui avaient tous pratiqué au moins une dizaine d'années intensivement. Il avait ainsi établi une situation particulièrement propice.

Il commençait ses enseignements en nous faisant chanter. Il écrivait des textes inspirés qui présentaient la quintessence de son enseignement mais, à mon grand regret, il laissait les Occidentaux qui le souhaitaient composer la mélodie, que je trouvais médiocre et convenue. Pendant la plus grande part de mon premier séminaire, je trouvais cette heure de chant pénible et j'attendais patiemment qu'il commence à enseigner. Puis j'ai fini par comprendre qu'il créait ainsi une atmosphère propice à l'écoute de son enseignement. Et j'ai appris à aimer ces moments.

Il commentait ensuite un texte pendant de longues heures, nous engageant ainsi à un travail austère. Mais dans le même temps, sa présence nous plongeait dans l'expérience décrite par le texte. Nous ne faisions donc pas que l'étudier, nous le vivions.

Ce qu'il ne pouvait réussir à dire, il nous le faisait ressentir. Il inventait sans cesse d'autres manières pour ce faire. Il pouvait nous faire danser, nous faire exécuter des exercices corporels bien singuliers, nous emmener au sommet des montagnes pour nous donner des transmissions spécifiques et mieux nous montrer le sens véritable de l'expérience méditative. Il était libre comme le phénix qui s'élance dans le ciel sans jamais avoir besoin de se poser et qui, dit-on, peut renaître de ses propres cendres.

SAUVEGARDER LA TRADITION

J'ai compris que là, et là seulement, réside le sens profond de la tradition – qui ne consiste pas à conserver des usages anciens, à répéter un ensemble de propos ou de gestes connus mais à rencontrer la source d'où ils proviennent pour s'y désaltérer.

Or comme l'institution n'a que faire de cette source sur laquelle elle ne peut pas avoir la mainmise, elle la trahit. Avec la disparition de la première génération de ces pionniers qui vinrent en Occident, ayant souvent passé des années en retraite, le bouddhisme tibétain s'est contenté de répéter des usages. Il s'est institutionnalisé, perdant un rapport originel à ce qu'il avait reçu. C'est l'extraordinaire paradoxe de notre temps : la tradition ne subsiste pas là où elle est pourtant affirmée. Elle s'est échappée.

J'ai mis longtemps à comprendre toute la portée de ce phénomène. Être fidèle à l'enseignement et à la transmission que j'ai reçus ne peut pas se faire dans la sécurité d'un chemin déjà balisé comme je l'avais cru un temps, sans doute naïvement, mais exige d'être bien plus créatif.

15

Ma découverte de l'impact de la méditation sur le travail de tant d'artistes modernes

Les toutes dernières œuvres, j'ai mis beaucoup de temps à les faire. Pas à les peindre mais à les méditer. Il m'a fallu un énorme effort, une très grande tension intérieure, pour arriver à un dépouillement voulu. (…) Vous savez comment les archers japonais se préparent aux compétitions ? Ils commencent par se mettre en état, expiration, inspiration – c'était la même chose pour moi. Je savais que je risquais tout, une faiblesse, une erreur, et tout aurait été par terre.

Joan Miró

L'ART RENCONTRE LA SCIENCE ET LA SPIRITUALITÉ POUR UNE NOUVELLE ÉCONOMIE

Une rencontre historique

J'ai longuement parlé au chapitre 11 de Francisco Varela, en évoquant non seulement le rôle qu'il a joué sur mon chemin, mais aussi l'importance de sa pensée. Un jour, comme je lui parlais de mon amour de la peinture, Francisco Varela évoqua le lien qui existe entre l'art et la pratique de la méditation. Il avait participé à un colloque international qui avait pour titre : « L'art rencontre la science et la spiritualité pour une nouvelle économie ». Cette rencontre avait eu lieu à Amsterdam en 1990, organisée par Joseph Beuys et Robert Filliou. De nombreuses personnalités, dont le Dalaï-Lama, Robert Rauschenberg, John Cage et de nombreux scientifiques de premier plan y participèrent. J'étais étonné. Il existait un lien entre l'art – qui depuis toujours me parlait – et la pratique de la méditation, et ce lien était au cœur de l'engagement le plus inventif et moderne !

Pour comprendre mon étonnement, il faut à nouveau rappeler qu'alors la méditation semblait pour la plupart des gens une discipline étrange et même un peu exotique.

Je voulus me procurer l'ouvrage rassemblant les propos de cette rencontre, mais il était introuvable. Nous étions avant l'ère Internet et dénicher un livre tiré à quelques centaines d'exemplaires en Hollande était alors un singulier défi. Mais j'eus de la chance : dans une librairie spécialisée, je rencontrais une vendeuse qui, ayant trouvé le titre surprenant et parlant, se démena pour m'en procurer un exemplaire.

La créativité

Lors de ce colloque, Francisco Varela insistait sur la notion de créativité qu'il pense de façon très originale.

La sagesse la plus profonde de toutes les grandes traditions nous rappelle qu'il n'y a, en fin de compte, pas de terrain solide sur lequel nous tenir. Pour tout être humain, rien n'est absolument connu d'avance et rien ne peut être planifié avec certitude. Nous devons être prêts à inventer un rapport neuf et vivant à notre existence comme à tout ce que nous rencontrons. Francisco appelait « créativité » cette capacité. Et le sens de la méditation, précisait-il, consiste à apprendre à avoir confiance en cette disposition et à pouvoir la cultiver.

Les scientifiques se trompent lourdement lorsqu'ils pensent que la seule intelligence est celle de la logique. Comment, dans cette perspective, expliquer que le plus petit insecte vole dans une pièce sans se cogner aux murs ? L'intelligence qu'il possède n'est certes pas rationnelle, elle est cependant très complexe. Pour essayer, en bon scientifique qu'il était, de la comprendre, Francisco Varela pensait décisif de voir que l'intelligence véritable n'est pas d'abord « rationnelle », mais qu'elle vient d'une « inscription corporelle de l'esprit » qui, d'emblée, nous met en rapport avec le monde moment après moment. Autrement dit, l'intelligence est créativité.

Ces remarques rencontraient l'analyse d'un artiste comme Robert Filliou qui expliquait que notre époque est en prise avec une économie de la prostitution : nous sommes poussés à toujours nous vendre. De plus, il est impossible d'échapper à la consommation avec son idéologie de pseudo hédonisme qui nous fait subir une uniformisation auxquelles jusqu'alors aucun gouvernement n'était parvenu.

Or la créativité nous apprend un autre rapport au monde, où la singularité propre de chaque être humain est assumée et proclamée. Elle est, pour cette raison, décisive. Elle sauvegarde un rapport vivant à ce qui est, en dénonçant la violence qui s'abat sur nous. Le sens de l'art prenait une nouvelle ampleur.

L'ART MODERNE EST SPIRITUEL

Kandinsky et Dubuffet : ouvrir un nouvel espace de présence

J'ai lu le livre de ce colloque avec d'autant plus d'enthousiasme que depuis mon plus jeune âge, j'avais fait l'expérience de la manière dont l'art moderne sauvegarde le plus précieux de l'existence et est ainsi profondément salutaire. Deux des chocs les plus marquants de ma vie avaient été la grande exposition Kandinsky à Paris en 1984 et la présentation des *Non-lieux* de Jean Dubuffet en 1985, que j'ai vues alors que j'avais dix-sept et dix-huit ans.

Kandinsky a une capacité sans égale pour nous faire entrer dans un espace poétique indiscutable. Voir ses œuvres nous fait quitter l'engluement de nos préoccupations et notre rapport à un espace uniquement géométrique. Dans l'exposition, je fis l'expérience physique d'entrer dans une dimension de présence toute spirituelle, ayant son rythme et son souffle propre.

Les *Non-lieux* de Dubuffet sont les toutes dernières peintures que le peintre réalisa avant de poser ses pinceaux et de mourir. Il cherche à y montrer l'espace primordial avant que la pensée ne le fige en choses reconnues et en concepts. Je fis, en les regardant, une expérience vertigineuse où il ne m'était plus possible de m'accrocher à rien et où pourtant tout est offert, vivant et spontané.

Si différentes soient-elles, ces deux expositions me montraient que l'art, à son sommet, ouvre un rapport éminent à la présence nue. Elles ne me montraient nullement la subjectivité de leurs auteurs, ou des informations sociales ou historiques d'une importance en réalité tout à fait mineure, mais comment vivre réellement.

La grande erreur de la plupart des discours sur l'art est de nous inviter soit à projeter sur les œuvres nos sentiments ou de prétendre nous expliquer ce qui est montré. On voit partout désormais des gens avancer dans des expositions avec un casque sur la tête, écoutant des informations diverses alors qu'il faudrait d'abord leur apprendre à faire l'expérience libératrice à laquelle l'œuvre les invite.

Francisco Varela m'expliqua que cette expérience est d'autant plus décisive qu'elle nous apprend à ne plus être effrayé de l'absence de fondement qui signe non seulement la condition humaine, mais plus précisément notre époque. Nous croyons souvent que la perte actuelle des repères, la fin des idéologies fortes et des partis puissants renforcent l'instabilité chronique de l'existence humaine. Mais en réalité, il y a dans cette situation une vérité de toute existence qu'il est bon de reconnaître. L'art moderne a la capacité de nous le montrer. En effet, loin d'être désespérés de l'absence de sol fixe, de certitudes indiscutables, Kandinsky ou Dubuffet, chacun à leur manière, ont fait de cette situation l'occasion d'une aventure neuve et *créative*. Ils ont assumé l'insécurité profonde de l'existence qui est ainsi devenue l'occasion d'un chant fécond et libre[1].

Or là est le sens même de la méditation – qui n'est donc pas de nature différente de celle de l'art. Elle

1. Il faut ici préciser, pour éviter une dangereuse équivoque, que l'art contemporain est le plus souvent un art qui va contre la modernité. Il n'invite nullement à voir des œuvres, mais à comprendre un discours convenu, expliqué par des cartels, comme je l'explique dans mon livre, *Comprendre l'art moderne*, Paris, Pocket, 2007.

nous fait entrer dans le présent, sans savoir d'avance ce qu'il est.

Un nouveau langage méditatif

La modernité en son projet le plus profond est un saut dans la poésie la plus haute.

Qu'est-ce que la poésie ? « Le premier millimètre d'air au-dessus de la terre », disait le poète Marina Zvetaïeva. Et en effet, face à une œuvre d'art authentique, on respire mieux. Le ciel s'ouvre. Le monde s'harmonise.

Telle est l'expérience que j'avais pu faire en voyant les tableaux de Kandinsky : n'être plus dans un rapport connu d'avance au temps et à l'espace, prisonnier de l'affairement et de l'engluement.

Je n'ai plus cessé d'interroger ce phénomène, au point d'y consacrer deux ouvrages *Comprendre l'art moderne* et *Pourquoi la poésie ?* Et c'est ainsi que j'ai pu mesurer peu à peu que cette intuition est beaucoup plus profonde que je ne l'avais d'abord pensé. Les écrits de la plupart des grands artistes modernes témoignent d'un engagement spirituel d'une profondeur stupéfiante, dont, étrangement, les historiens ne parlent presque jamais. Et plus étonnant encore, cette spiritualité a été le plus souvent travaillée par la découverte de la méditation et de l'Orient.

Ce ne sont pas seulement les artistes que rencontra Francisco Varela comme Beuys et Filliou qui ont pris cette direction : chaque génération, depuis la fin du XIXe siècle, a, par ce détour, retrouvé la source du sacré le plus profond.

L'influence de l'Orient méditatif

Parmi de nombreux exemples, l'engagement d'Ezra Pound est particulièrement éclairant. Ezra Pound est peu connu en France. Il est cependant une figure marquante de l'histoire du XXe siècle, aussi bien pour ses propres écrits que pour son étonnant travail d'explorateur de l'histoire de la littérature mondiale – découvrant en particulier des trésors de la littérature du Moyen Âge alors oubliés. Dans un texte de 1914, il raconte comment il a fait le saut dans la modernité, entraînant à sa suite toute une génération de poètes américains qu'il sut révéler à elle-même :

> Il y a trois ans, à Paris, je suis sorti du métro à Concorde, et soudain j'ai vu un beau visage, puis un autre, et encore un autre [...] et j'ai essayé toute la journée de trouver des mots pour dire ce que cela signifiait pour moi [...]. Et le soir, subitement, j'ai trouvé l'expression adéquate [...] mais non pas dans la parole, dans des masses de couleur [...]. C'était le commencement pour moi d'un nouveau langage.

Pound découvre la modernité en osant explorer la singularité de cette expérience. Il poursuit :

«J'ai écrit un poème de trente vers et je l'ai détruit aussitôt parce que c'était du travail de second ordre, privé de l'intensité souhaitable. Six mois plus tard, j'ai fait un poème déjà réduit de moitié. Un an plus tard (1912) j'ai écrit la phrase qui suit, qui a une allure de haïku»[1] :

L'apparition de ces visages dans la foule :
Pétales sur une branche, noire mouillée.

Pound considéra rétrospectivement que c'était par ce poème qu'il était désormais sorti de la poésie faite «des ornementations qui ne sont qu'astuces et dont n'importe qui, s'il est assez subtil, peut apprendre l'usage», pour redonner au langage et à la poésie authentique leur ampleur première.

Ce texte ressemble aux haïkus japonais dont voici un exemple célèbre de Bashô (1644-1694) :

Fraîchement lavés
Comme ils ont l'air froid
Les poireaux blancs !

Le poème de Pound comme celui de Bashô réussissent à faire apparaître un élément de réalité évident mais auquel on ne fait pas attention et qui, du coup, peut nous toucher très simplement. Comme le dit

1. Cité et traduit in Kenneth White, *La Figure du dehors*, Paris, Grasset, 1978, p. 182.

Shiki, à propos du poème de Bashô : « La signification est seulement ce qui est dit et n'a de signification ni particulière ni autre[1]. » Cela résonne bien sûr fortement avec l'ouvreur de la modernité poétique, Arthur Rimbaud, qui déclarait dans une lettre à sa mère : « J'ai voulu dire ce que cela dit, littéralement et dans tous les sens. »

N'est-ce pas extraordinaire ?

L'art moderne nous invite à repenser l'art comme une expérience *méditative* où l'important n'est pas le plaisir, une science littéraire ou un effort intellectuel, mais la capacité à être pleinement présent et ouvert à ce qui est. Et du coup, la méditation venant en Occident, loin d'apparaître comme exotique, répond à l'aspiration des grands poètes et artistes modernes, la nourrissant même.

1. Eric W. Amann, *The Wordless poem*, 1969. Traduction française de Daniel Py, http://www.tempslibres.org/tl/fr/livres/amann/lvaman1.html.

16
Partir en retraite solitaire – La méditation intensive

La fierté de vivre est dans l'accès, non dans l'usage ni l'avoir.

Saint-John Perse

Si je regarde le chemin parcouru depuis que j'ai commencé à pratiquer la méditation, je vois, comme autant de petits cailloux blancs, les retraites solitaires que j'ai suivies très régulièrement, environ une fois par an. Elles constituent des moments à part, où je retrouve de façon très directe et intime l'incandescence de la pratique.

Chaque fois, il s'agit de pratiquer pendant une dizaine de jours dans un lieu retiré. Plus de téléphone. Plus d'ordinateur. Plus de courriel. Plus de journal. Plus de radio. Plus de lecture. Plus de discussion. Plus de rencontre.

L'idée est de n'avoir rien d'autre à faire que pratiquer. Face à face avec soi !

Quelques soucis et incidents : partir en retraite n'est pas une expérience de tout repos

Une telle expérience pourrait sembler romantique. Elle est d'abord une épreuve. Outre la retraite avec ses défis, il faut déterminer où partir, dans quel lieu se rendre pour être à la fois seul et en contact avec la nature. Avec cette difficulté supplémentaire que, n'ayant pas le permis de conduire, je dois trouver un endroit accessible par le train. La chose était encore plus ardue quand, jeune homme, je n'avais pas un sou !

Et puisqu'il s'agit de rester seul d'un bout à l'autre de la retraite, comment faire pour manger sans avoir à sortir de son ermitage ?

Que de complications pour trouver la simplicité !

La première fois, j'ai choisi de partir dans un centre bouddhiste. Je m'étais dit que ce devait être le lieu idéal puisqu'il a vocation à accueillir ceux qui veulent y vivre une telle expérience.

Ce fut une erreur !

On m'installa dans un chalet où l'on devait m'apporter mon repas midi et soir, afin que je n'aie pas besoin de quitter mon ermitage. La chose était convenue. Ils avaient l'habitude. Mais dès le deuxième jour, personne n'est venu m'apporter à manger... Je me suis longuement demandé s'il fallait que je reste immobile sur mon coussin, sans rompre mon engagement de ne parler à personne ou que je descende en cuisine ! Cela m'a inquiété toute l'après-midi, jusqu'à ce que je me résolve à aller chercher mon repas.

La question s'est reposée quasiment tous les jours. Personne ne semblait manifester le moindre souci de ma difficulté. De plus l'atmosphère qui se dégageait du lieu ne me semblait pas très propice. Je fus particulièrement soulagé de quitter cet endroit.

L'expérience de ces jours de pratique intensive fut tout de même suffisamment décisive pour me décider à la retenter l'année suivante. Cette fois, je demandai à ma grand-mère si elle pouvait me prêter le petit studio qu'elle avait sur la Côte d'Azur. Elle y passait l'hiver, mais au printemps personne ne l'habitait.

L'atmosphère était sereine et j'y fus bien plus heureux que l'année précédente. J'avais pu faire les commissions à l'avance. En préparant moi-même à manger, j'étais libre de mon emploi du temps.

La situation présenta cependant d'autres embarras : décidé à ne pas parler à quiconque, je n'ai pas mis un pied dehors une seule fois. Or, comme il y avait, en face du studio, un immeuble avec un large balcon où les gens dînaient, j'avais dû fermer les stores. Je suis donc resté dans la pénombre tout le temps de ma retraite.

Lors d'une retraite ultérieure, je me suis retrouvé dans un petit village, à la campagne. Je pouvais me promener. C'était une situation merveilleuse. Mais un jour, j'ai eu l'idée de me servir d'une cocotte-minute. N'en connaissant pas du tout l'usage, au lieu de visser le couvercle avant de mettre l'eau à bouillir, je l'ai simplement posé dessus pensant éviter ainsi les ennuis. Erreur ! Quand je l'ai soulevé, la vapeur d'eau bouillante m'a sauté au visage et gravement brûlé. J'étais isolé, sans aucun moyen de communication. Heureusement dans le village d'a côté, un voisin avait le téléphone. Au lieu de finir ma retraite, je me suis retrouvé à l'hôpital !

Évidemment, je ne raconte là que les incidents. Mais en un sens, la décision de partir en retraite, qui bouscule l'ordre habituel de son existence, en suscite parfois.

Quand le Bouddha a pris la décision de se retirer du monde, il ne s'est pas rendu dans un centre bouddhiste ni dans le studio de sa grand-mère : il a choisi un bel arbre sous lequel il s'est assis. L'ombre le protégeait de la chaleur du soleil et les ramures de la pluie. Un passant lui offrit une grande brassée d'herbes dont il se fit un coussin. On lui apportait à manger.

Mais il avait beau être le Bouddha, avoir trouvé un endroit magnifique, s'isoler ne lui fut pas facile. Il avait dû quitter les siens, laisser derrière lui sa famille, ses amis, sa femme et son fils. Et le récit de son cheminement témoigne des défis importants qu'il rencontra dans sa pratique.

Dans la tradition tibétaine, le modèle du retraitant qui vit seul dans son ermitage est Milarépa. On le reconnaît dans les peintures car il est généralement représenté la main autour de l'oreille, écoutant les chants que sa pratique lui inspire. Eh bien, lui aussi a rencontré de nombreux obstacles ! Un jour par exemple, il vit dans un rêve prémonitoire que sa mère était en train de mourir. Il en fut profondément perturbé. Il fut visité par des monstres effrayants, fut saisi de doutes…

Il n'y a pas de situation idéale en ce monde. Chacun a ses problèmes, chacun rencontre l'adversité. Le reconnaître est libérateur tandis que le nier est profondément angoissant – contrairement à ce que l'on croit spontanément.

Parfois, j'ai trouvé la pratique très difficile. Mes amis ou ma famille me manquaient intensément. Je me trouvais bien trop présomptueux de m'être engagé dans un tel chemin. Je n'en pouvais plus ! Je pensais alors au Bouddha, à Milarépa et tant d'autres pratiquants. Leur message était clair : « Si tu traverses des difficultés, ne t'inquiète pas ! Tu peux te détendre. Le chemin n'est pas fait pour des êtres admirables et sublimes mais pour des gens aussi perdus et confus que toi. Ne te décourage pas mais apprends à aimer, même ta douleur, même tes blessures, même ta confusion qui tend à t'énerver – voilà le chemin. Voilà le sens réel de la paix. »

Et en effet, si la pratique confronte celui qui s'y engage à un certain chaos, dans le même mouvement, elle nous montre aussi comment transmuter nos crispations et habiter un monde plus vaste. Nous apprenons à nous relier à la panique, à la douleur, aux difficultés propres à toute existence avec courage et confiance.

Là réside le véritable apaisement qui n'a rien à voir avec nos idées convenues sur la paix assimilée à un moment de confort.

MARCHER DANS LES PAS DES ANCIENS ET FAIRE FACE AU CHAOS

Partir en retraite, c'est retrouver l'essentiel. À la fois, l'essentiel de la pratique, du sens du chemin mais aussi de sa propre existence. C'est pouvoir goûter à nouveau le goût du Grand Réel en laissant tomber les écailles qui nous le cachent.

J'ai, par exemple, comme je l'ai souligné précédemment, été longtemps troublé par l'aspect religieux du bouddhisme. Je me sens étranger aux aspects moralistes et superstitieux d'un certain discours bouddhiste évoquant le *karma*, les actes négatifs, la nécessité de penser à nos vies futures et d'accumuler pour ce faire des «mérites».

Quant au culte de la personnalité qui entoure le gourou, il m'a toujours semblé dangereux. Si la figure du maître spirituel joue un rôle important en Orient, lorsqu'elle est déplacée en Occident, elle est l'occasion de bien des dérives. Faute de posséder la culture et la structure sociale appropriées nous permettant de vivre la relation de maître à disciple de façon juste, j'ai vu combien cette relation est source de fantasmes, d'illusions et parfois même de manipulations.

Or en partant en retraite, ces difficultés me sont peu à peu apparues comme secondaires. L'essentiel est la transmission d'un état d'être ouvert et bienveillant – état dont la découverte est le sens même de la pratique de la méditation. Si le bouddhisme me parle, ce n'est pas en tant que religion, mais en tant que tradition de l'ouverture qui, se transmettant d'une génération de pratiquants à une autre génération, éclaire aujourd'hui mon propre chemin. Je comprends, comme le dit René Char, que « Notre héritage n'est précédé d'aucun testament », et que telle est la condition humaine. Il n'y a pas lieu de s'en révolter.

ÉLOGE DE LA SOLITUDE

L'expérience la plus forte que l'on peut faire en retraite est toute simple : découvrir que la solitude est une amie. Être totalement seul pendant plusieurs jours est aujourd'hui une expérience aussi rare que déconcertante. Nous ne vivons plus cet état qui devait sans doute encore accompagner l'existence de nos grands-parents. Téléphones, télévision, ordinateurs et toutes ces tâches que nous nous assignons à longueur de journée ne nous laissent pas goûter à la solitude! Nous sommes presque tout le temps occupés, voire suroccupés. Et quand nous ne sommes pas en train de faire quelque chose, nous nous ennuyons : quelques minutes sans rien faire et nous nous agitons. Nous ne savons plus habiter le silence.

Les conséquences sont beaucoup plus graves que nous pourrions le penser. Car sans habiter la solitude, nous sommes peu à peu réduits à un être-en-masse. Les termes de «divertissement de masse», «tourisme de masse», «mass media» témoignent d'un mouvement de fond de nos sociétés qui ne laissent plus beaucoup de place à la personne humaine dans sa singularité. Or pour décider ce que nous voulons, pour penser, pour aimer vraiment – il nous faut un espace de silence.

Partir en retraite, c'est donc refuser d'être cet homme réduit à un être «en masse» pour advenir à ce que nous sommes «en propre». C'est un travail décisif pour advenir à soi et être un peu plus qui nous sommes.

La solitude, dit un texte bouddhique célèbre, est le cœur de la voie :

Un pratiquant qui ne connaît pas le véritable sens de la solitude,

Même s'il médite durant des années dans l'isolement
d'une vallée peuplée de serpents venimeux
Et à des centaines de kilomètres de toute habitation,
Ne développera qu'une vanité démesurée.

En effet, dans la solitude, nous laissons tomber nos projets, nos ambitions, nos désirs, tous ces aiguillons qui ne nous laissent d'ordinaire aucun répit.

Nous prenons le temps de vivre ici, là, sur cette terre. Nous nous permettons d'être touchés par le simple fait d'être.

Pour faire comprendre à mes étudiants ce sens merveilleux de la solitude, plutôt que de faire un long discours, il m'est arrivé de leur faire écouter un des plus beaux chants que je connaisse *O solitude* de Henry Purcell chanté par Alfred Deller. Le texte en a été composé par la poétesse anglaise Katherine Philips (1631-1664) :

Oh, solitude ! Oh, solitude, de mes choix le plus exquis !
Vous, endroits consacrés à la nuit
Loin des tumultes et des vacarmes,
Quelles délices y trouvent mes pensées agitées.
Oh, solitude, le plus exquis de mes choix !
Ciel !
Combien je suis heureux de voir ces arbres, surgis dès la nativité du temps et vénérés dans tous les siècles, aussi frais et verts aujourd'hui qu'au premier jour de leur beauté.
Oh, solitude ! Combien j'adore la solitude !

Écouter ce chant dans cette interprétation sans égale éclaire le lien profond qui existe entre le silence, la solitude et la capacité de voir le monde de façon aussi directe et vivante. La solitude en nous désencombrant ouvre en nous un espace vaste et profond qui nous permet d'accueillir ce qui est.

Le poète Rilke parle souvent de cet état. Ainsi dans les célèbres *Lettres à un jeune poète*, il se risque à ce conseil :

> *Cher Monsieur, aimez votre solitude, supportez-en la peine : et que la plainte qui vous en vient soit belle. Vous dites que vos proches vous sont lointains ; c'est qu'il se fait un espace autour de vous. Si tout ce qui est proche vous semble loin, c'est que cet espace touche les étoiles, qu'il est déjà très étendu*[1].

C'est l'une des découvertes les plus profondes : dans la solitude, nous cessons d'être isolés et séparés. C'est un soulagement réel qui certes, j'en conviens, est paradoxal. Qu'on y songe cependant : dans les relations courantes où nous sommes sans cesse en rapport avec d'autres êtres, nous sommes cependant si loin les uns des autres, si prisonniers de rôles et d'affairements. Nous découvrons alors que pour rencontrer

1. Rainer Maria Rilke, *Lettres* IV *à un jeune poète*, in *Œuvres I, Proses*, Paris, éditions du Seuil, 1966, p. 327.

quelqu'un pour de bon, il faut une grande solitude, c'est-à-dire la capacité d'être soi.

En ce sens l'antipode de la solitude n'est pas d'être auprès d'autres êtres, mais cet isolement qui laisse chacun coupé de tout.

Lorsqu'on écoute Alfred Deller chanter, on découvre aussi que la solitude est liée à une forme de tristesse. Peu à peu les larmes nous viennent aux yeux. Mais cependant cette tristesse n'a rien de pénible ; elle n'a rien à voir avec la dépression. Elle ne vient pas d'un manque, d'une carence affective, mais d'une situation naturelle de plénitude. Nous sommes tellement touchés que notre cœur déborde.

La tristesse la plus authentique, celle que l'art nous permet parfois de découvrir, témoigne de l'ampleur du cœur humain que rien ne vient plus restreindre, qui retrouve son lien avec les autres et le monde – un lieu qui toujours l'appelle et le requiert.

Toucher la vérité de son être

Quand je suis bloqué, quand j'ai une décision importante à prendre, quand je sens que quelque chose ne tourne pas rond, je pars en retraite. Cela surprend car nous pensons à tort que face à un problème, la meilleure solution consiste à beaucoup réfléchir.

Nos pensées et émotions sont si changeantes et parfois même trompeuses que nous aurions cependant tort de nous fier à elles avec sûreté. Le mieux est de revenir à la solitude car, à partir de là, on pourra reconnaître ce qui est juste, ce qui ouvre une véritable direction et ce qui n'est qu'accessoire.

Et en effet, dans ces moments de retraite, la solitude se déployant suffisamment, je retrouve le sens profond de ce qui m'habite et m'appelle. Une cohérence et une direction claire se dessinent.

PARTIR À VOTRE TOUR EN RETRAITE SOLITAIRE

Partir faire une retraite n'est pas une étape obligée. Les aspirations et les dons de chacun sont différents. Mais voilà cependant comment je guide ceux qui souhaitent en faire l'expérience. Il importe d'abord de ne pas se lancer sans avoir une expérience conséquente de la méditation : si vous voulez pratiquer la méditation, vous devez commencer par recevoir l'instruction de base et ensuite vous mettre à pratiquer chez vous de façon régulière.

Pour aller plus loin ou pour commencer de manière plus directe, il est bon de suivre un séminaire. C'est l'occasion de découvrir de nombreux aspects de la pratique, d'en mieux voir la profondeur. Vous pratiquez avec d'autres, vous échangez avec eux et vous recevez des enseignements qui en éclairent la raison d'être.

Partir en retraite solitaire a du sens dès lors que vous avez effectué plusieurs séminaires et que vous avez confiance dans ce chemin. La solitude n'est pas immédiatement une amie. Elle nous fait longtemps peur.

À ceux qui se sentent prêts, j'indique comment établir le cadre de leur retraite. Ce point est très important car le cadre est ce qui, en délimitant un espace, l'ouvre. Ainsi, nos horaires, les moments de pratique et ceux consacrés à la marche ou à l'étude sont décidés par avance. Une fois sur place, il suffit d'habiter chaque moment pour réussir à se poser pour de bon.

Nous convenons, s'ils le désirent, d'un rendez-vous téléphonique au milieu de leur séjour.

Je leur donne aussi un texte écrit lors d'une de mes propres retraites. J'y ai condensé en un certain nombre de phrases simples ce que j'ai compris et je l'ai accompagné de courts commentaires. Ce petit volume est une sorte de témoignage. J'y partage simplement ce que j'ai compris, sans cacher mes propres difficultés et questionnements.

Voici une des sentences de ce texte, assortie de son commentaire spontané :

Ne limite pas l'immensité de la présence

La pratique de la méditation nous fait entrer en rapport avec un sens de présence beaucoup plus vaste que toutes nos conceptions. L'important est de ne rien restreindre. De laisser la présence irradier

pleinement au point de nous faire perdre les contours habituels de notre visage. La présence n'est rien que nous puissions concevoir. C'est l'immense par-delà l'immense. Nous avons tendance à en limiter la radiation parce que de cette présence nous ne savons rien, nous ne pouvons rien en dire. Nous voudrions la ramener à du déjà connu.
Toute la pratique consiste à devenir familier avec cette immense immensité. Ne pas la limiter implique donc de s'en remettre entièrement à ce qui vient nous déconcerter en elle.

17
Comment j'ai fondé l'École occidentale de méditation : *comment transmettre aujourd'hui*

Comme c'est curieux ! On est conduit, on ne conduit pas. Je ne suis qu'un serviteur.

Henri Matisse

Aujourd'hui, l'essentiel de ma vie est dédié à transmettre la pratique de la méditation au sein de l'École occidentale de méditation. Que je consacre mon existence à cette tâche reste pour moi, aujourd'hui encore, une profonde énigme. Rien ne m'avait destiné à enseigner, encore moins la méditation, et plus curieux encore, à fonder une école… C'est bien la dernière chose à laquelle j'aurais pensé !

Comme l'existence est étrange !

LA POÉSIE ET L'INTERROGATION MODERNES

Lorsque j'ai eu quinze ans, j'ai découvert la Maison de la Poésie, qui venait juste d'être fondée. Elle se trouvait sur la terrasse de l'ancien Forum des Halles. J'y allais soit pour des rencontres, soit pour lire à la bibliothèque. Un jour, à l'heure du repas, alors qu'il nous fallait regagner la sortie, le jeune homme qui s'en occupait, Hector Feliciano, me proposa de rester. Il m'interrogea sur ce qui me conduisait en ce lieu. Je lui expliquai mon désir de mieux connaître la poésie. Malgré mon jeune âge, mon manque de formation et de jugement, il me donna de précieux conseils. Il m'invita à lire Paul Celan, W.C. Williams ou E.E. Cummings, des poètes dont je n'avais jamais entendu parler et qui sont parmi ceux qui comptent le plus aujourd'hui dans ma vie.

J'avais, depuis un an, fondé une revue de poésie. Peu à peu, la question de la qualité de ce qui fait un véritable poème me hantait. Comment choisir parmi tous ceux que je recevais ? La solution de l'énigme, me dis-je alors, réside dans la compréhension de ce qu'est la modernité. Est-ce que la qualité d'un grand poème ne réside pas dans sa profonde modernité ? Mais que veut dire ce terme qui recouvre les sens les plus contradictoires…

Pour y voir plus clair, j'ai contacté ceux qui me semblaient l'incarner pour les interroger. J'ai ainsi rencontré entre autres Claude Simon, Andrzej Żulawski, Alain Robbe-Grillet, Nathalie Sarraute, Pierre Soulages ou Jean Tardieu. Si quelques rencontres furent profondément décevantes, d'autres furent foudroyantes.

Outre cet amour de la poésie, je me consacrais à la peinture. J'avais fait quelques expositions quand je rencontrai deux artistes, Bruno Tyszler et Hyun Soo Choï. Ensemble, nous avons fondé un collectif que nous avons appelé *No Big Deal* et nous avons organisé de nombreuses expositions où nous inventions des situations poétiques.

Nous avons même participé à la célèbre foire de Bâle. Au lieu de montrer des œuvres, nous avions fait le choix de les créer sur place tout en essayant d'établir des relations plus humaines, c'est-à-dire poétiques, avec les visiteurs.

Pourtant, au moment où je découvrais le sens de l'aventure moderne comme sauvegarde de la dimension de la poésie la plus haute, du risque d'une parole neuve, d'une présence spirituelle assumée, je voyais aussi cet espace originel étouffé par l'industrie culturelle.

Le monde qui nous entoure n'est pas mauvais, mais il est soumis à une extraordinaire force de destruction de l'élément poétique en lui. Cette destruction prend aujourd'hui le visage contemporain de la soumission à la dictature de l'utilité – aussi bien dans son aspect marchand, dans le vain jeu des concepts et des représentations toutes faites, que dans la pornographie sociale. Si bien qu'aujourd'hui les gens confondent parfois la joliesse convenue avec la vraie poésie, les productions sociales et la modernité, l'importance d'une exposition avec le nombre de visiteurs qui s'y sont rendus, la qualité d'un livre avec le nombre d'exemplaires vendus.

Cette confusion me déchirait le cœur.

L'ENGAGEMENT POÉTIQUE DE CHÖGYAM TRUNGPA

C'est à ce moment-là que j'ai rencontré la méditation et l'enseignement de Chögyam Trungpa. Il présentait la pratique de la méditation comme inséparable de cette dimension poétique et picturale qui n'avait pas cessé de me hanter. L'art, disait-il, n'a rien à voir avec une question esthétique par nature accessoire : l'important n'est pas de créer une œuvre belle, encore moins évidemment de faire carrière ou de gagner de l'argent, mais d'établir une expérience de présence à même d'ouvrir le cœur de ceux qui s'y confrontent. De manière simple mais ferme, Chögyam Trungpa témoignait du site réel de l'œuvre d'art que je voyais si profondément oublié.

La méditation, disait-il, doit nous permettre de sauvegarder cette expérience décisive.

Et de manière étonnante, il ne faisait pas de différence entre s'habiller, écrire un poème, peindre un tableau ou préparer le repas. Il refusait notre distinction entre l'élévation de l'art et le prosaïque de la vie quotidienne, rejoignant ce que je lisais chez Arthur Rimbaud, Robert Filliou et tant d'artistes modernes. La question centrale, disait-il, est d'apprendre à entrer en rapport avec le monde phénoménal, de telle manière que nous soyons en lien avec sa dignité inhérente, sa pureté profonde et sa splendeur originelle.

Il ne croyait pas que la sensibilité soit un état inférieur de notre être que la raison surplomberait. Pour lui, regarder une branche d'arbre, un enfant qui court, l'orage ou la lune dans un ciel d'hiver, préparer une salade de fruits ou coudre un bouton, tout cela peut suffire à nous faire découvrir un monde infini.

La vraie vie n'est pas dans l'accaparement ni dans le calcul, elle réside dans l'attention et la présence qu'on sait lui accorder.

ÉCRIRE LA BIOGRAPHIE DE CHÖGYAM TRUNGPA

La méditation mais surtout ce qu'elle ouvrait, nous appelant à penser et repenser notre existence et notre monde, me passionnait. J'étais vraiment content d'avoir trouvé un chemin.

Un soir, vers minuit, j'ai reçu un coup de fil singulier. Qui pouvait m'appeler si tard ? C'était l'un des éditeurs du Seuil, Vincent Bardet, qui avait rencontré Chögyam Trungpa aux États-Unis et était devenu l'un de ses principaux traducteurs. Je fus vraiment étonné. Il me demanda si je voulais écrire un livre sur la lignée de ce maître. Lors d'une réunion qui avait eu lieu le matin même, il avait été décidé de faire revivre une collection importante. Vincent Bardet avait aussitôt proposé le projet qu'il me confiait et qui avait été accepté.

Or à cette heure tardive, j'étais précisément en train d'étudier les enseignements de Chögyam Trungpa sur la vie de ses ancêtres : Tilopa, Marpa, Milarépa… La coïncidence me frappa. Je n'avais jamais écrit, ni même pensé le faire. À l'école, j'étais un élève médiocre, incapable de rédiger une phrase sans faire des fautes d'orthographe.

Mais l'évidence de la situation s'imposa à moi et j'acceptai.

Vincent Bardet m'invita alors à venir le retrouver dans son bureau au 2e étage du 27, rue Jacob – où je devais, par la suite, si souvent me rendre. Il fut un pair chaleureux et visionnaire.

C'est ainsi que je me suis formé et que j'ai écrit mon premier livre qui s'appelle aujourd'hui *La Pratique de l'éveil de Tilopa à Trungpa*.

Sachant un peu mieux comment se fait un livre, une fois celui-ci achevé, la nécessité de m'atteler à écrire sur Chögyam Trungpa m'a sauté au visage et ne m'a plus laissé en paix. Vivant dans le monde que ce maître avait établi, je remarquai que le lecteur qui n'aurait accès qu'aux livres alors disponibles manquerait une part essentielle de l'enseignement que j'avais pu acquérir en parlant avec tant de ses proches élèves et en étudiant dans son école. Il me fallait présenter ce monde et permettre à d'autres de connaître ce que j'avais eu la chance de découvrir. J'étais cependant le premier troublé par mon projet : comment moi, encore jeune étudiant, qui n'avais pas même rencontré Chögyam Trungpa, qui ne parlais que très moyennement l'anglais, ne possédais pas de talent littéraire, pourrais-je écrire un livre sur sa vie et son enseignement extraordinaires ?

Au moment où je commençais à envisager ce projet, je rencontrai le directeur d'une chaîne de grands magasins, grand lecteur de Chögyam Trungpa. Il m'encouragea et me donna l'argent pour que je puisse me rendre au Canada et aux États-Unis faire mes recherches. De nouveau, la porte s'ouvrait.

Je voulais, au départ, simplement écrire un petit livre à destination des Français. Mais au fur et à mesure que j'interrogeais les étudiants de Chögyam Trungpa qui me racontaient ce qu'ils avaient appris, le livre ne cessait de grandir, jusqu'à atteindre quatre cent cinquante pages. Une fois publié, il devint une référence au point d'être traduit dans de nombreux pays y compris, à ma grande surprise, aux États-Unis.

J'ai alors pensé que ma tâche était accomplie. Les gens allaient lire ce livre et comprendre l'importance de retrouver le souffle poétique que la méditation permet à chacun de vivre. J'avais pu rendre un peu de ce que j'avais reçu ! Je pouvais désormais retourner à mes affaires, à *No Big Deal* et à la poésie.

Ce ne fut pas le cas.

J'ai commencé à enseigner la méditation de manière intensive, au point d'y consacrer peu à peu l'essentiel de ma vie. Ce furent des années très formatrices. Je voyageais à travers toute l'Europe, devenant l'un des principaux enseignants de l'organisation laissée par Chögyam Trungpa qui se nommait *Vajradhatu*, « L'espace de l'indestructible ouverture ».

Je fis peu à peu une singulière découverte. Je ne parviendrais pas à passer le témoin que j'avais reçu en me contentant de répéter, même avec justesse et intelligence, les paroles de Chögyam Trungpa. Il me fallait prendre le risque de parler plus directement, de dire ce qui m'avait touché dans ce chemin. Ce fut un moment difficile : en croyant être humble, je me trompais. La tâche était plus ardue que je ne l'avais pensé : prétendre être plus que l'on est est certes une faute d'orgueil, mais ne pas assumer ce que nous sommes en est une autre, tout aussi grave.

DÉCIDER D'ENSEIGNER ET RISQUER LA LIBERTÉ

Alors que je m'engageais dans ce chemin difficile, la communauté fondée par Chögyam Trungpa devenait une institution de plus en plus rigide. Je me rappelle avoir dirigé un séminaire d'un mois, au milieu duquel vint enseigner une des plus importantes maîtres de la tradition tibétaine, nommée Khandro Rinpoché. Je lui parlai de mes difficultés. Je devais suivre en toute chose des manuels qui figeaient l'enseignement. On ne le *pensait* pas, on le répétait. Elle me regarda droit dans les yeux et me dit ces mots tout simples : « Les manuels sont très utiles. Mais si dehors il pleut lorsque tu sors, et que tu n'aies pas de parapluie, tu as le droit de mettre ton manteau sur la tête pour te protéger de la pluie. »

Malheureusement, les choses empirèrent. Non seulement, l'enseignement de Chögyam Trungpa était de plus en plus momifié, mais plus tristement encore, les transmissions que j'avais reçues n'étaient plus données, remplacées par d'autres que je trouvais sans vigueur. Son engagement radical à faire de la méditation un chemin et non une technique que nous pouvons manipuler à notre guise pour être plus comme ceci ou moins comme cela, abandonné. Tout aussi douloureux était la perte de l'atmosphère si poétique qu'il avait su créer. La magie n'y était plus. Tout était solidifié sous une armure religieuse et dogmatique.

Un jour, je fus forcé d'admettre que l'aspiration qui m'avait enthousiasmé quinze ans auparavant, n'était plus présente. J'ai décidé de tout arrêter, de quitter l'organisation, de ne plus enseigner. Ce que j'avais tant aimé, ce qui avait nourri mon existence cessait d'exister.

Aussi difficile que fut cette décision, je savais qu'ainsi je préserverai le fil de la tradition qui autrement allait être rompu. Je me dis aussi que ce serait l'occasion de revenir à d'autres engagements et de redonner à mon amour de la peinture toute sa place.

CESSER DE SE PLAINDRE FACE À L'EFFONDREMENT DE LA TRANSMISSION

C'est alors que je rencontrai un professeur de philosophie, Pierre Jacerme qui était en train de prendre sa retraite du célèbre Lycée Henry IV, où il avait été professeur de khâgne. Je connaissais son travail qui m'impressionnait beaucoup. Mais je fus vraiment surpris de l'entendre parler de mon livre, *Mythes et dieux tibétains* qu'il venait de lire et qu'il avait beaucoup apprécié ! Les philosophes que j'avais rencontrés jusqu'alors ne montraient aucun intérêt pour l'Orient, quand ils n'affichaient pas envers lui un certain mépris. Non seulement Pierre Jacerme manifestait autant d'intérêt que de respect, mais il avait été souvent en Orient et le connaissait bien.

À ce même moment, quelques personnes m'encouragèrent à faire un dernier séminaire et je me dis que c'était l'occasion de réaliser un rêve fou. Et si j'enseignais la méditation en dialogue avec un philosophe de l'importance de Pierre Jacerme ? Le choix semblait d'autant plus judicieux que le travail de Pierre Jacerme n'avait rien de ce bavardage savant qui m'avait tant échauffé les oreilles à l'université. Il était d'abord soucieux de regarder les choses comme elles sont et de nous les montrer. La philosophie, avec lui, devenait un effort de présence et de tendresse.

J'ai pensé qu'il y aurait là une possibilité de permettre à la méditation de retrouver son sens profond au lieu d'être présentée comme cette sorte de crème de sérénité que chacun emploie pour badigeonner ses petits bobos. Je lui demandai s'il accepterait de participer à une telle aventure. Non seulement Pierre Jacerme accepta, mais il effectua un travail inouï pour nous plonger dans l'expérience vivante de la philosophie comme elle est née miraculeusement en Grèce. Ce séminaire est aujourd'hui publié aux éditions Pocket sous le titre *Introduction à la philosophie occidentale*.

Pour un public qui, dans sa majorité, n'aurait pas l'habitude des concepts, écouter un philosophe dans le cadre d'un séminaire de méditation était une aventure surprenante mais exaltante. Au lieu de se perdre dans des questions de spécialistes, chacun interrogeait la philosophie à partir de l'écoute de sa propre expérience. C'était tout aussi précieux du point de vue de la philosophie que de la méditation.

Le séminaire tout entier, au lieu d'être une sorte de stage de développement personnel, avec son caractère si souvent narcissique, devenait l'occasion d'une aventure unique et exaltante.

J'étais heureux ! La transmission de la méditation devenait réelle.

Je compris alors qu'au lieu de me plaindre de la disparition de l'héritage spirituel de Chögyam Trungpa, de la fossilisation de l'université, de l'art devenu pur commerce, de la violence sociale, je devais retrousser mes manches et faire quelque chose de concret. On peut passer son temps à dénoncer le manque de vision et d'intelligence des galeries d'art, de la presse, de l'édition et des organisations spirituelles... Cela ne nous rendra que plus amer. On risque ainsi de manquer les étincelles qui ne demandent qu'à jaillir, les possibles qu'il faut encourager. On se ferme surtout ainsi à la nécessité réelle : qu'un surcroît d'amour nous permette d'accueillir la réalité tout entière.

C'est mue par cet allant que s'est fondée l'École occidentale de méditation et que j'allais enseigner de nombreux autres séminaires avec Pierre Jacerme ainsi qu'avec d'autres philosophes.

18
Toucher la présence avec son corps

Célébrer, c'est cela ! Être, dont l'office est de célébrer,
il surgit, tel un minerai, du silence de la pierre.
Rainer Maria Rilke, Sonnet à Orphée

Dans chaque chapitre, j'ai abordé un aspect de la méditation. J'ai longtemps négligé celui que je vais étudier ici, et c'est au prix de beaucoup de remises en question que j'ai commencé à en prendre la pleine mesure : je veux parler du corps en son intelligence propre. La méditation est souvent présentée comme un effort « spirituel », une façon de travailler avec son esprit. C'est ainsi que je l'ai longtemps explorée. Or une telle approche est en partie trompeuse et, après quelques années d'expérience à l'enseigner, je crois que là réside l'une des principales difficultés que rencontrent la plupart de ceux qui veulent s'y adonner.

LE SOCLE DE LA PRATIQUE EST D'ÊTRE CORPORELLEMENT PLEINEMENT PRÉSENT

Je méditais depuis une bonne dizaine d'années lorsque, parlant de mes difficultés à un ami expérimenté, il me dit : « Si j'ai un conseil à te donner, porte une plus grande attention à ta présence corporelle. Là est la clef de la méditation. » Ce fut une instruction précieuse car, sans m'en rendre compte, j'avais tendance à me désintéresser de cet aspect de la pratique. Je voulais surtout travailler avec les pensées et revenir au présent. Or comment y parvenir si ce n'est sur la base d'une présence corporelle ample, soutenue et solide ? En revenant à ma présence corporelle, ma pratique est devenue plus aisée et plus vivante.

Nous le savons, la pratique de la méditation commence par un mouvement pour entrer en rapport avec son corps. Nous nous posons sur la terre. Nous sentons l'assise du bassin sur le coussin ou la chaise, le contact du sol sous les pieds et la droiture de la colonne vertébrale qui nous élève vers le ciel. Nous portons alors attention à notre respiration mouvante et animée.

Nous avons cependant tendance à penser qu'il s'agit juste d'un préalable avant de travailler avec notre esprit. C'est une méprise. Il est impossible d'être présent sans l'être corporellement !

Tel est le sens du geste du Bouddha touchant la terre de sa main – comme on peut le voir encore dans nombre de ses représentations. Pour indiquer le sens profond de la méditation, le Bouddha n'a pas désigné le ciel, il ne s'est pas appuyé sur l'autorité d'un dieu, mais il a simplement désigné la terre. Pourquoi est-ce si décisif ? Parce que, la plupart du temps, nous restons perchés, pris dans notre tête, et notre corps est comme un vêtement posé sur un cintre, que l'on trimballe avec soi à longueur de journée. Nous *sommes* rarement notre corps : nous l'avons, nous l'utilisons.

Nous ne sommes pas souvent accordés à ce corps qui, comme le disait la grande thérapeute Alice Miller, « ne ment jamais ».

ENTRER EN RAPPORT AVEC LA PRÉSENCE OUVERTE, VIVANTE ET JOYEUSE DE SON CORPS

Un Indien d'Amérique, un nomade tibétain, un paysan mongol ou un berger kenyan n'ont aucun problème avec le fait d'habiter pleinement, corporellement, leur être. J'aime pour cette raison regarder les photographies des peuples dits « traditionnels ». Les Indiens d'Amérique ont tous ce port de la tête, cette dignité, cet éclat d'une présence solidement ancrée et souple.

Cette expérience leur est si naturelle que les premiers maîtres orientaux ont peu mis l'accent sur ce point en présentant la méditation. Or cela pose nombre de problèmes, car entrer en rapport avec le corps n'a rien d'évident, pour nous autres, Occidentaux.

Séparer le corps et l'esprit, c'est les perdre l'un et l'autre

Nous sommes victimes d'une conception, que nous avons adoptée sans vraiment l'avoir voulue : croire qu'il existe une séparation entre le corps et l'esprit, le sensible et l'intelligible, le matériel et le spirituel. Du coup, nous faisons de la méditation un exercice spirituel visant à quitter le corps pour nous élever dans un ailleurs éthéré ; nous ne réussissons à sentir notre corps que sous la pression d'un effort de volonté le plus soutenu possible.

L'origine de cette conception est ancienne. Dès les débuts de la philosophie occidentale, voici deux mille cinq cents ans, on a dissocié le corps et l'esprit. Le corps, nous dit Platon, est le tombeau qu'il faut chercher à briser pour découvrir la véritable liberté.

Descartes repense à nouveau cette distinction en opposant la substance étendue – le corps – et la substance pensante – l'esprit. Le corps, dans cette nouvelle perspective, n'est plus compris que d'un point de vue scientifique. Mais si la science peut me permettre de comprendre le fonctionnement de mon corps, elle ne dit pas tout de ce qu'il est et ne peut en rien m'apprendre, par exemple, à l'habiter et à l'être.

Redoutables instrumentalisations

Cette conception de l'opposition du corps et de l'esprit, jointe à notre obsession de l'efficacité et au rythme effréné de nos vies, nous conduit à avoir un rapport instrumental à notre corps. Nous sentons que notre corps est vivant lorsqu'il est confronté à un défi, soumis à la nécessité de performances. Et du coup, nous pensons qu'entrer en rapport avec son corps consiste à repousser ses limites, à courir intensément par exemple. Peu nous importe que nous soyons présents à ce que nous faisons ou que nous avancions avec des écouteurs sur les oreilles en comptant les tours de stade parcouru !

C'est dans la même perspective instrumentale que nous faisons aussi du corps un objet de séduction. Nous cherchons à le faire correspondre à un ensemble de codes sociaux : paraître jeune, en bonne santé, mince. Plutôt que de nous permettre d'être pleinement présents à ce que nous sommes, notre corps doit être le produit de notre volonté.

Dans tous les cas, la grande erreur est de vouloir le posséder et en jouir comme d'une possession quelconque que nous détiendrions. Telle est aujourd'hui l'atmosphère la plus habituelle où nous nous tenons.

Même les disciplines corporelles les plus profondes sont menacées par le danger de transformer leur savoir en technique. J'ai même vu des professeurs de yoga, qui, bien que formés auprès de maîtres remarquables, étaient d'abord fascinés par la performance de leurs exploits. Ils n'étaient nullement présents à eux-mêmes et au monde. Ils étaient des techniciens.

La source retrouvée

Comment sortir de cette impasse ? En pensant et en éprouvant l'unité intrinsèque de notre être. La chose est subtile car il ne s'agit pas de réunir ce qui a été séparé, de joindre le corps et l'esprit. Le problème, en effet, c'est qu'une fois qu'on les a disjoints, il n'est plus possible de retrouver leur unité.

Retrouver le corps, par-delà l'esprit – ou le « mental », comme on dit à présent –, n'est pas juste, car c'est accepter de partir d'une séparation qu'il nous faut refuser. Il nous faut habiter la plénitude de notre être avant qu'il ne soit déchiré, et qui est *tout autant* esprit, pensée, émotions, corps. La chose est toute simple à éprouver, à défaut de pouvoir facilement être dite : un maître de qi gong ne travaille pas plus sur le corps que sur l'esprit de ses étudiants ! Le musicien n'est pas plus un travailleur manuel qu'un homme spirituel !

Si vous traversez des crises, si vous êtes assailli de doutes et de questions sur votre vie, le meilleur conseil que je puisse vous donner est le suivant : revenez corporellement là où vous êtes. Respirer, marcher en étant attentif au contact des pieds sur le sol, ou prendre une douche en prêtant attention à l'eau qui ruisselle sur notre peau, cela réussit souvent à faire céder la difficulté d'être présent que signe l'angoisse.

On découvre alors que jamais on n'a eu quelque chose comme un corps et un esprit disjoints.

Immobilité

La méditation est une formidable école pour réapprendre à découvrir cette unité perdue. Elle nous fait découvrir que nous ne sommes généralement pas assez incarnés et nous montre que nous pouvons le devenir davantage par un effort d'attention et de présence.

Lorsque je dirige un séminaire d'initiation à la méditation, on me demande souvent : pourquoi faut-il rester immobile ? Est-ce qu'un art martial, le yoga ou la danse ne seraient pas préférables puisque ce sont des méditations en mouvement ? Il est important de comprendre que non.

Nous sommes en réalité d'autant plus en rapport avec notre corps que nous sommes immobiles. Le fait que nous n'avons aucun défi à réussir nous permet de découvrir, de façon simple et directe, la racine même de la présence corporelle.

Bien sûr, une fois cela établi, il est possible de s'engager dans des formes de méditation en mouvement comme le qi gong ou le taï chi chuan, ou encore le tennis ou quelque autre sport qui a son génie propre. Il apparaîtra alors avec évidence que, plus importante encore que la force ou la technique, est cette présence vivante.

UN MASSAGE AUTREMENT : CLÉMENT CORNET

Pendant des années, je suis resté réfractaire à tout travail corporel autre que la méditation, car je n'avais aucune envie de me soumettre à cette instrumentalisation que je voyais partout se développer.

C'est Clément Cornet, qui étudie la méditation à mes côtés, qui m'a fait découvrir ce continent. Constatant à la fin d'un séminaire particulièrement intense combien j'étais épuisé, il m'a proposé de me masser.

Au premier abord, j'étais réticent car je ne connaissais du massage que ce que l'on voit généralement. Quelqu'un vous touche en suivant un protocole codifié, sans être particulièrement présent à ce qu'il fait.

La seule fois où j'avais été massé, j'avais trouvé que la personne qui me touchait n'était pas du tout en rapport avec moi. J'étais devenu une sorte de chose dans ses mains. Il ne me massait pas moi, mais touchait « un corps ». Il me faisait devenir « corps », une sorte de chair chosifiée. J'avais trouvé cela profondément pénible et même un peu angoissant. Et je m'étonne aujourd'hui encore que tant de gens acceptent une telle épreuve.

En n'établissant pas le toucher dans la présence nue, en ne touchant pas quelqu'un mais juste un ensemble de parties et d'organes, ce toucher ne fait, en fin de compte, que nous éloigner de l'ancrage qui nous fait défaut. Or c'est lui et lui seul dont nous avons vraiment besoin.

Le bien-être, si à la mode aujourd'hui, ne soulage en vérité de rien, car seule la reconnaissance de qui vous êtes, seul le fait d'être posé en son être, pourrait nous détendre réellement. Et si je dénonce le culte du bien-être, ce n'est pas que je sois contre le fait de se détendre, ou que je trouve une telle aspiration nulle ou indigne, je constate simplement que ce que l'on propose généralement sous ce terme ne fait que nous aliéner.

J'ai cependant pris le risque. Ce fut une belle expérience. Clément Cornet, marqué par sa profonde expérience de la méditation, connaît la présence. Et il est un professionnel hors pair, car il a la capacité de sentir immédiatement ce dont nous avons besoin et qui nous manque pour *être* pleinement.

Dans ses mains, j'étais *touché* en mon être. Je pouvais m'y reposer dans une plénitude entière, grâce à cette écoute qu'il déployait. Il ne touchait pas mon dos, mais mon dos en rapport à l'entièreté de mon corps et lui-même dans l'unité de qui je suis. Sa main savait quelque chose de moi qu'elle libérait.

Je me suis relevé profondément soulagé et en pleine forme.

Depuis, Clément Cornet me masse régulièrement. J'ai découvert grâce à lui que mon refus du bien-être comme de l'instrumentalisation du corps m'avait fait négliger une dimension importante : il existe un chemin fécond de travail avec le corps entendu comme l'espace de résonance de notre être même.

La méditation m'avait ouvert la voie. Mais un monde encore plus vaste s'offrait à moi. Il est toujours possible d'habiter plus avant son corps – et donc son être – en développant une plus grande attention à son rythme propre. Être pleinement présent à son corps, irradier de présence même, est le travail d'une vie tout entière. Une fois reconnue cette perspective, on se rend compte combien la méditation est un socle précieux qui nourrit en retour toutes nos activités. Car tout ce que nous faisons peut soit nous enfermer comme en un tunnel soit nous permettre d'être plus amplement là. N'est-ce pas merveilleux ?

19
La méditation est un chemin

Ce qui vient au monde pour ne rien troubler ne mérite ni égard ni patience.

René Char, Fureur et mystère

Nous voici au terme de notre voyage. Je vous ai raconté ma découverte de la pratique de la méditation, comment j'ai été formé, les êtres qui m'ont guidé, éclairé et accompagné, quelques étapes de mon chemin, les défis et les crises que comme tout être humain j'ai eu à traverser.

Lorsque j'évoque mon engagement dans la méditation, on me demande souvent si à présent je suis serein, heureux, apaisé ou « zen ». Je crois important de conclure cet ouvrage en disant que là n'est pas la question essentielle. À mon sens, si la méditation a une vertu, c'est de nous libérer de la tyrannie de cette quête où il nous faudrait être parfaits et tout le temps efficaces. Même les fleurs ont des épines, les printemps des jours de pluie, les amoureux des désaccords. Quelqu'un demanda un jour au philosophe grec Bion de Borysthène lequel était de tous les hommes le plus inquiet. Il répondit : « Celui qui veut être le plus heureux et le plus en repos. »

PAR-DELÀ LA SÉRÉNITÉ

La vie comme métamorphose

Vivre, pour un être humain, implique de rencontrer des défis, de se remettre en question. Au sens le plus fort, nous devons accepter d'avoir à nous transformer. Tel est le sens de ce vers de Rainer Maria Rilke : « Veuille la métamorphose ». Et le poète ajoute :

Ce qui s'enferme dans l'immobilité déjà est pétrifié;
S'imagine-t-il en sûreté à l'abri de la grisaille sans apparence ?

Nous rêvons d'une sérénité qui n'est rien d'autre, en vérité, qu'une pétrification. C'est cette confusion qui fait qu'aujourd'hui, tant de gens assimilent le bouddhisme à un nihilisme, la méditation à une forme de passivité et la sagesse à un état de calme comme celui qu'on veut parfois imposer à un enfant trop turbulent.

Or être humain ne consiste pas à être tranquille, mais à se dépasser, à se remettre en question, à aller de l'avant, à inventer comment être. Imaginez-vous un grand explorateur de retour de voyage, ou Édith Piaf après un concert, se dire : « Me voilà enfin serein, J'ai accompli ma tâche, je n'ai plus rien à faire » ? Non, bien sûr, ils reprennent leurs outils et se remettent en marche, à la fois dans un état d'innocence mais aussi en étant pétris d'une angoisse et d'une joie mêlées.

Il y a là une vérité humaine profonde : aucun être humain ne peut être parfaitement serein puisqu'il est appelé à une constante métamorphose. La sagesse est de le reconnaître.

Assumer l'ouverture vivante de notre être

Nous sommes appelés à nous ouvrir non sans pour cela devoir surmonter nos hésitations ou nos peurs. Il peut s'agir de simplement saluer le ciel qui d'un coup se dégage et devient, selon le mot d'Hölderlin « école des yeux », de dire bonjour aux incroyables cerisiers en fleur des premiers jours du mois de mai, de s'émerveiller devant sa compagne ou son compagnon qui, pour vivre à nos côtés depuis des années, nous émeut toujours autant.

Mais chaque fois, ce geste demande un certain effort. Un parfum peut être senti comme un pur phénomène olfactif plus ou moins agréable ou il peut nous permettre, comme Proust nous l'a appris, à libérer des souvenirs oubliés et à nous ouvrir ainsi à une dimension profonde, hors du temps ordinaire.

Nos sentiments peuvent aussi nous enfermer ou nous ouvrir à l'ampleur la plus résolue. Je suis envahi par la douleur d'un ami qui vient de perdre son père. Je peux laisser mon cœur s'ouvrir ou trouver l'expérience inconfortable et la refuser. C'est ainsi que viennent ces phrases toutes faites qui encombrent et blessent ceux qui souffrent : « Ton père est mieux là où il est », « De tout mal, naît un bien », « Tu devrais passer à autre chose et faire ton deuil », autant d'affirmations qui cachent une redoutable violence.

La méditation nous apprend que ces expériences toutes simples – écouter un oiseau, respirer un parfum, être auprès d'un ami malheureux – peuvent nous guider vers un monde plus vaste. Mais il nous faut être prêts à quitter cette sérénité tranquille et fausse.

Abandonner le mythe de la sérénité

Parler, comme nous le faisons habituellement, de sérénité nous égare loin de notre tâche. Je n'ai du reste jamais rencontré quelqu'un de serein. J'ai certes rencontré des maîtres qui irradiaient de bonté, de confiance et d'amour. J'ai rencontré des hommes et des femmes qui manifestaient un magnifique courage. Mais je n'ai pas rencontré d'êtres qui n'aient plus de tensions à surmonter.

L'histoire nous apprend que même le Christ ou le Bouddha, au moment de la naissance de leur vocation, de leur éveil, ont été confrontés à un trouble profond – les trois tentations du Christ dans le désert ou les attaques de l'armée du démon *(Mara)* pour le Bouddha. Il serait idiot de se croire plus malin qu'eux ! S'il y a une forme de sagesse, elle consiste bien plus à tenir ensemble l'ombre et la lumière, la joie et la douleur que de prétendre se débarrasser une fois pour toutes du négatif, des doutes et de l'inquiétude.

C'est étrange que nous l'oubliions. Que tant de livres et de discours nous invitent à être zens et sereins. Les vies des saints, dans toutes les traditions, sont inspirantes parce qu'elles nous montrent des hommes et des femmes qui osent s'aventurer hors du confort auquel on les invitait et leurs témoignages évoquent les difficiles combats qu'ils ont dû mener. L'ouverture n'est pas un état définitif où l'on entre une fois pour toutes par quelques séances de méditation ou par la lecture d'un livre, elle se gagne peu à peu.

Il y a, dans ce discours sur la sérénité, une invitation à renoncer à l'ampleur de notre propre désir, à la nécessité de rencontrer ce qui nous élève comme ce qui nous effraie – une façon de nier notre condition.

Ici, les textes de la tradition bouddhique sur la méditation sont précieux. Ils insistent sur le danger de confondre un état de calme, tout relatif et conditionné, avec la sagesse véritable, qui est une ouverture décisive et, comme telle, se veut disponibilité à ce qui advient. S'accrocher à un état paisible empêche de découvrir le sens réel de la méditation et de l'ouverture qui impliquent de se confronter au chaos, aux ombres et aux difficultés.

Soyez humain si vous voulez être original

En un sens profond, la méditation nous aide à faire ce que nous aimons vraiment. Elle nous permet de ne plus être dupes des fausses urgences, des choses que nous faisons pour nous sentir en sécurité, reconnus ou pour combler nos angoisses sans pour autant véritablement nous convenir.

Aussi lorsqu'on me demande si grâce à la méditation je suis heureux, je ne sais que répondre. Comment pourrions-nous être heureux une fois pour toutes ? Il m'arrive d'être malheureux. Cela me semble même faire partie de l'existence. Vivre est parfois merveilleux, mais parfois c'est une tâche difficile, particulièrement quand je me sens si loin de répondre à ce qu'il me faudrait faire !

Les Grecs envisageaient la question tout autrement que nous. Ils pensaient que tant qu'un être humain est vivant, il est impossible de comprendre le dessein de son existence et de dire s'il est heureux ou non. Solon, le sage qui inventa la démocratie athénienne en forgeant ses lois, rencontra un jour le grand roi Crésus. Ce dernier lui demanda : « As-tu vu quelqu'un qui fût le plus heureux des hommes ? » Il pensait être cet homme parce qu'il était puissant et riche. Mais Solon donna le nom d'un quelconque citoyen grec dont la vie était achevée : étant mort, il devenait possible de considérer la totalité de son existence.

— Pourquoi cet homme était-il heureux ? demande Crésus, déçu de ne pas avoir été nommé.

— Parce qu'il a vécu aimé des siens et qu'il est mort héroïquement, lui répondit Solon.

Cette remarque ne peut que nous déconcerter tant notre conception du bonheur est à l'antipode de celle des Grecs. Pour nous, mourir jeune est un grand malheur. Mais pour un Grec, ce qui importe et peut rendre heureux, c'est l'éclat de la vie, non le bien-être que l'on a éprouvé.

Sans partager la vision de Solon, n'est-il cependant pas vrai que la question décisive n'est pas la tranquillité mais le fait d'apprendre à devenir plus humain ? Max Jacob donna un jour un conseil avisé au poète René Guy Cadou : « Soyez humain si vous voulez être original, plus personne ne l'est ! »

Je crois que la méditation vise à nous permettre de répondre à cette exigence. En tout cas, c'est la raison pour laquelle je m'y consacre.

La pratique est très ordinaire

Penser que l'engagement à méditer vise à vouloir être zen est à la fois étroit et une manière bien trop peu réaliste d'envisager la chose.

Pendant que j'écris ce livre, des travaux ont commencé chez mes voisins et le marteau-piqueur fait un bruit intense. Je parle de la douleur que je ressens à une collègue de travail qui me répond : « Mais toi qui pratiques la méditation, tu devrais être serein.» Voilà, de façon toute simple, le malentendu. La méditation est assimilée à une sorte de potion magique qui pourrait faire qu'un marteau-piqueur qui heurte ses oreilles ne blesserait pas les miennes. Elle serait ainsi une voie mystérieuse réservée à quelques êtres privilégiés leur permettant d'acquérir des pouvoirs magiques.

Au contraire, méditer est une manière de se prendre en main, de travailler sur son esprit et ses difficultés d'une façon honnête. Cela ne fait pas disparaître comme par enchantement les défis et les problèmes. Grâce à la méditation, on ne va pas éviter d'entendre le bruit du marteau-piqueur !

Autrement dit, méditer ne consiste pas à mieux contrôler la réalité mais à entrer en contact avec elle. Elle ne nous protège pas de la vie, elle nous aide à mieux prendre conscience d'elle.

« J'suis touché, je reste debout »

Nous ouvrir à la réalité telle qu'elle est se révèle certes parfois inconfortable, voire douloureux. Ce n'est pas un chemin serein ! La douleur du monde est si vive. Essayer de nous en prémunir, de nous en protéger est un effort absurde, mais de plus totalement vain. Nous n'y arriverons pas. La nuit sera parfois trop chaude. L'eau trop salée. Ceux que nous aimons souffriront. Les gens que nous rencontrerons nous blesseront.

La méditation nous apprend à assumer que notre cœur est tendre et que nous n'y pouvons rien. Nous sommes d'emblée liés à ce qui se passe. Nous avons des antennes qui nous relient au monde. Faut-il vraiment les couper, comme on nous l'explique trop souvent ? Faut-il se prémunir et se protéger de tout ?

Nous avons un cœur qui parfois est blessé, faut-il l'anesthésier pour autant ? Je ne le crois pas. Il est possible d'assumer notre fragilité sans perdre notre dignité. C'est même là l'une des plus hautes tâches de l'existence humaine et le sens même de la méditation.

C'est pour cette raison que j'aime beaucoup la chanson : « J'suis touché, je reste debout » des rappeurs du collectif *Sexion d'Assaut*... Il me semble qu'il y a là une des leçons de la pratique de la méditation : être touché mais rester debout. Avoir le dos droit et le cœur ouvert. Garder sa posture, quelles que soient les pensées et les émotions qui nous traversent. Laisser nos antennes et notre cœur éprouver l'ampleur de la réalité. Non pas être parfait, « zen » et insensible, mais simplement humain.

Laisser être

Roland Barthes évoque dans son livre *La Chambre claire* la mort de sa mère qui le laissa inconsolable. Il mit en exergue de ce texte si important pour lui une citation de Chögyam Trungpa, « Marpa [qui était l'un des plus grands maîtres de la tradition du bouddhisme tibétain] fut très remué lorsque son fils fut tué, et l'un de ses disciples dit : "Vous nous disiez toujours que tout est illusion. Qu'en est-il de la mort de votre fils, n'est-ce pas ce pas une illusion ?" Et Marpa répondit : "Certes, mais la mort de mon fils est une super illusion".»

On ne peut pas évacuer la douleur. La méditation ne nous y invite en réalité nullement. Bien sûr, elle nous apprend à « lâcher prise » comme on dit aujourd'hui. Mais le terme est égarant. Je vois trop de magazines lancer : « Apprenez à lâcher prise » comme un nouveau slogan. Mais on ne peut *décider* de lâcher prise. C'est là tout le paradoxe ! Autrement dit, quand on lâche prise, ce n'est pas nous qui avons lâché prise, mais quelque chose en nous qui s'abandonne et s'ouvre.

Certains pratiquent en espérant ainsi trouver un abri hors de la violence du monde. Quand ils rencontrent des difficultés, ils s'assoient sur leur coussin en espérant ainsi qu'elles vont disparaître. Quand leur conjoint pleure d'être seul, souffre de n'être pas compris, ils considèrent qu'il est en prise avec des émotions négatives et s'en détournent. Ils se disent que tout est vacuité.

Ma conviction est qu'ils s'égarent. Nous n'allons pas, par la pratique, rejeter ce qui nous effraie ou nous blesse, réprimer ce qui nous fait du mal, mais nous allons apprendre à en prendre soin. Les maîtres que j'ai rencontrés ne m'ont pas rejeté parce que j'étais maladroit, confus ou entêté. Ils m'ont ouvert les bras. Méditer, c'est faire comme eux : accueillir tout ce qui en nous et chez les autres ne nous plaît pas et apprendre à en prendre soin, à le garder, voire à le guérir.

LES TROIS DONS QUI OUVRENT LE CHEMIN VÉRITABLE DE LA PRATIQUE DE LA MÉDITATION

Mais alors à quoi vise la pratique de la méditation ? Elle nous octroie trois dons infiniment plus précieux qu'un réducteur de stress ou un générateur de calme.

D'une part, elle nous montre comment avoir une plus grande exigence envers soi, comment savoir plus clairement ce qu'il est nécessaire que nous fassions et ce qui, au contraire, ne fait que nous égarer. En ce sens, la méditation n'est pas tant un outil pour se détendre qu'un chemin nous permettant de faire naître un profond courage. Elle nous permet ainsi d'aller au bout de ce qui importe, de vaincre les obstacles, de ne jamais renoncer. Dans la tradition, on parle souvent pour cette raison du méditant comme d'un héros ou d'un chevalier.

D'autre part, elle nous permet d'aller de l'avant, de ne pas craindre outre mesure l'inconnu et donc de savoir être créatif. Elle est une leçon continuelle pour mieux s'ouvrir à la pluie, à la nuit, à l'inconnu que l'on rencontre ou à l'ami que l'on risque de blesser ou d'oublier. Elle nous apprend ainsi à prendre le risque d'un saut hors du déjà connu et à entrer dans un monde plus vaste que celui de nos concepts habituels.

Enfin, méditer nous permet de mieux voir les choses telles qu'elles sont. Nous voyons mieux la douleur mais aussi la tendresse du monde – que trop souvent, vivant comme dans une sorte de cocon protecteur ou de tour d'ivoire, nous ne voyons plus.

Être ainsi exigeant envers soi, ouvert et plein de discernement, c'est au fond pouvoir aimer, aimer le monde, aimer tous les êtres, aimer ce qui est. Comment pourrions-nous aimer vraiment sans surmonter notre peur et notre paresse, sans nous ouvrir, sans pouvoir reconnaître ce qui est, tel qu'il est ou tel que nous pourrions lui permettre d'être ?

FAIRE CHEMIN

Le point commun de ces trois dons est que la méditation y est vue comme un chemin. Il ne s'agit pas de cultiver un état, d'atteindre un but, mais d'épouser le mouvement même de la vie, de l'accompagner, de le favoriser. Lorsque nous avançons, le chemin se crée sous nos pas ou comme le dit le poète Antonio Machado : « Toi qui chemines, point de chemin / On trace son chemin en marchant. » C'est en cela que la pratique est merveilleuse et peut nous aider profondément.

Ni exercice à réussir, ni technique à maîtriser, la méditation est un geste de confiance envers notre propre humanité.

Nous avons souvent envie d'une recette qui nous permette de moins souffrir. Il n'en existe pas. Nous aimerions rencontrer quelqu'un qui nous dise : « Tu es malheureux ? Je vais t'aider et enlever ton problème comme on retire une écharde. »

Ce n'est pas possible. La seule voie consiste à se relier à ses difficultés et à apprendre d'elles.

Mon travail est, pour cette raison, singulier. Mes livres sont déroutants, car ils ne sont pas des traités ni des essais. Ils ne démontrent rien. Les séminaires que je dirige ne ressemblent eux aussi à rien d'autre.

Ce sont des chemins que j'invite à parcourir pour aider chacun à inventer le sien.

Et je sais qu'on n'y apprend, au fond, rien du tout. Rien d'extérieur à soi. Ma seule tâche est de faire en sorte que chacun trouve par où sa vie fait chemin malgré tout ce qui pourrait nous donner le sentiment qu'il n'y a que des murs devant nous.

Si celui qui lit un de mes livres, celui qui vient à un séminaire se sent transformé, ce n'est pas parce qu'il a entendu ce qu'il sait déjà et qui le rassure ainsi, ce n'est pas qu'il a puisé quelques informations nouvelles, ou même qu'il est devenu un autre, mais qu'il est plus profondément lui-même. La pratique nous pratique, la méditation nous transforme malgré nous, selon ses lois à elle. C'est pourquoi je n'enseigne jamais en essayant de transmettre une connaissance que j'aurais acquise, mais toujours en étant moi-même cheminant. Nous sommes ainsi tous de plain-pied dans la même aventure. C'est elle que j'ai voulue, en évoquant mes propres errances et découvertes, vous montrer.

Table

Du même auteur

MÉDITATION

La méditation, Que sais-je ?, PUF, 2014

Méditations sur l'amour bienveillant, Audiolib, 2013

Pratique de la méditation, Livre de poche, 2012

Méditation, 12 méditations guidées pour s'ouvrir à soi et aux autres, Audiolib, 2011

PHILOSOPHIE

La tendresse du monde, l'art d'être vulnérable, Flammarion, 2013

Auschwitz, l'impossible regard, Seuil, 2012

Conférences de Tokyo. Martin Heidegger et la pensée bouddhique, Cerf, 2012

L'amour à découvert, retrouvez une manière authentique d'aimer, Livre de poche, 2012 (Paru en 2009 sous le titre *Et si de l'amour on ne savait rien*, Albin Michel)

La voie du chevalier, Dépassement de soi, spiritualité et action, Payot, 2009

Risquer la liberté, vivre dans un monde sans repère, Éditions du Seuil, 2009

POÉSIE ET ART

Pourquoi la poésie, L'héritage d'Orphée, Pocket, Agora, 2010

Mandala, retrouver l'unité du monde, Éditions du Seuil, 2010

Rainer Marie Rilke, L'amour inexaucé, Éditions du Seuil, 2009

Jackson Pollock ou l'invention de l'Amérique, Éditions du Grand Est, 2008

Comprendre l'art moderne, Pocket, Agora, 2007 – reprise 2010

Au service du sacré, Sauter à l'angle moderne Paul Celan, Martin Heidegger, Barnett Newman, Éditions du Grand Est, 2007

La photographie, Éditions du Grand Est, 2007

BOUDDHISME

Comment être bouddhiste ?, Pocket, 2014 (Paru en 2008 sous le titre *Le bouddhisme*, éd. Grancher)

Introduction au tantra bouddhique, L'incandescence de l'Amour, Éditions Fayard, 2008

Chögyam Trungpa, une révolution bouddhiste, Éditions du Grand Est, 2007

Quel bouddhisme pour l'Occident ?, Éditions du Seuil, 2006

Mythes et dieux tibétains, Éditions du Seuil, 2000, Points Sagesses

La pratique de l'éveil, de Tilopa à Trungpa, Éditions du Seuil, 1997, Points Sagesses

Fabrice Midal enseigne au sein de l'École occidentale de méditation, qu'il a fondée afin de permettre la transmission de la pratique dans un cadre sérieux, ouvert et laïc. L'École organise des soirées d'introduction à la méditation toutes les semaines, à Paris et à Genève, ainsi que des week-ends de pratique et des séminaires d'enseignement en résidentiel.

Pour plus d'informations : www.ecole-occidentale-meditation.com

Vous pouvez vous inscrire gratuitement à sa newsletter mensuelle.

Édition : Catherine Meyer
Coordination éditoriale : Stéphanie Reis Pilar
Couverture et conception graphique : Sara Deux
Mise en pages : Daniel Collet (In Folio)
Révision : Nicole Mison

Achevé d'imprimer en France par CPI Bussière
à Saint-Amand-Montrond (Cher) en décembre 2013.

Dépôt légal : janvier 2014
ISBN : 978-2-35204-297-6
N° d'impression : 2006871